66 LIEBLINGSPLÄTZE
und 11 Naturwunder

DIETER BÜHRIG

In und um Lübeck

VON HANSEATEN, DORSCHFISCHERN UND DORFPASTOREN

GMEINER

Besuchen Sie uns im Internet:
www.gmeiner-verlag.de

© 2011 – Gmeiner-Verlag GmbH
Im Ehnried 5, 88605 Meßkirch
Telefon 07575/2095-0
info@gmeiner-verlag.de
Alle Rechte vorbehalten
2., überarbeitete Auflage 2014

Lektorat / Redaktion: Claudia Senghaas, Kirchardt / Claudia Reinert
Herstellung: Julia Franze
Bildbearbeitung / Umschlaggestaltung: Alexander Somogyi
unter Verwendung des Fotos »Rathaustürme Lübeck« von Ahinga / fotolia.com
Kartendesign: Matthias Schatz
Druck: AZ Druck und Datentechnik GmbH, Kempten
Printed in Germany
ISBN 978-3-8392-1154-0

Lust auf Lübeck /// Vorwort 8

Karte 1 10

Karte 2 12

STADTLUFT

... RUND UM DAS BURGTOR

1   Eine Burg der Andacht und der Begegnung /// *Burgkloster* 17
2   Von wehrhaften Mauern und starken Frauen ///
    Burgtor und Altes Zöllnerhaus 19
3   Mehr als nur ein Armenhaus /// *Heiligen-Geist-Hospital* 21
4   Die Kleinstadt in der Großstadt /// *Lübecks Höfe und Gänge* 23
5   Wo sich Stille und Musik nicht widersprechen /// *St. Jakobi* 25
6   Von hanseatischen Seebären und stürmischen Zeiten ///
    Schiffergesellschaft 27
7   Ein Hauch von Karibik im 500 Jahre alten Lübecker Dielenhaus ///
    Karibik-Tanzbar La Havanna 29
8   Rotspon und mehr /// *Traditions-Weinhaus Tesdorpf* 31
9   Einst Umschlagplatz für den Ostseehandel – heute Wohlfühl-Oase ///
    Strandsalon 33
10 Von Koggen, Kraweelen und Kanonen ///
    Die Lisa von Lübeck im Museumshafen 35
11 Klassizismus und hanseatische Kaufmannschaft des 18. Jahrhunderts ///
    Behnhaus / Drägerhaus 37

... RUND UM DIE MARIENKIRCHE

12 Eine noch heute lebendige Gesamtklosteranlage /// *St. Katharinen* 39
13 »Ilsebill salzte nach.« /// *Günter-Grass-Haus* 41
14 Ein Jugendstiltraum erfüllt sich /// *Theater Lübeck* 43
15 Ein Haus als begehbarer Roman /// *Buddenbrookhaus* 45
    Aus Lübecks Geschichten- und Sagenschatz 46
16 Klein, aber fein – intim und exquisit /// *Das kleine Restaurant* 49
17 Es muss nicht immer Marzipan sein /// *Amaro* 51
⅟₁₁ Die etwas andere Sicht auf Lübeck ///
    Naturwunder sehen bei einer Ballonfahrt 53
18 Im Zentrum des Lübecker Lebens – Im Herzen hanseatischer Macht ///
    Marktplatz und Rathaus 55
19 Genuss und Stil unter einem Dach /// *Kanzleigebäude* 57
20 Lübecker Marzipan – weltweit berühmt /// *Café Niederegger* 59
21 Auf den Spuren Johann Sebastian Bachs /// *St. Marien* 61
22 Wie die Lübecker den Teufel überlisteten /// *Der Teufel neben St. Marien* .. 63
    Die Marienkirche im Roman Schattengold 64
23 Blicke und Visionen /// *St. Petri* 67
24 Lassen Sie mal die Puppen tanzen /// *Theaterfigurenmuseum* 69
25 Ein mediterranes Paradies der Gaumenfreude mitten in der Altstadt ///
    Café Calma 71
26 Ein lübisches Kaufmannshaus mit italienischem Flair /// *Schabbelhaus* 73

... RUND UM DAS HOLSTENTOR

27 Zwickelbier statt Rotspon /// *Brauberger* 75

28 Ein Lübeckbummel auf maritime Art /// *Kanal- und Hafenrundfahrt* 77

29 Kinder auf Entdeckungstour (auch für junggebliebene Eltern geeignet) ///
    Holstentor 79
    Eine Zeitreise ins mittelalterliche Stadtleben 80

30 Ein lukullisches Ensemble der gehobenen Esskultur /// *Miera* 83

31 Ein Treffpunkt nicht nur für Maler und Fotografen /// *Malerwinkel* 85

32 Wenn Kaffeebohnen Löcher in die Wand schießen /// *Remise* 87

... RUND UM DEN DOM UND INS GRÜNE LÜBECK

33 Von Fegefeuer und Paradies, von Hirschen und Löwen ///
    Der Dom zu Lübeck 89

34 Ausspannen bei Kaffee, Kuchen und Buch /// *Café Utspann* 91

35 Eine Reise in die Naturgeschichte des Lübecker Raums ///
    Museum für Natur und Umwelt 93

2/11 Warum nicht mal bequem übers Wasser fahren? ///
    Naturwunder Grüne Lunge – Wakenitz 95

36 Das Alte und das Neue, Jung und Alt /// *Kunsthalle St. Annen* 97

37 Zu Besuch in einem der schönsten Museen Deutschlands ///
    St. Annen-Museum 99

38 Die kleinste der fünf Lübecker Altstadtkirchen –
    aber mit dem größten Charme /// *St. Aegidien* 101

39 Weingenuss in historischem Ambiente /// *Alte Mühle* 103

3/11 Natur und Kultur im Einklang /// *Schulgarten – Naturwunder des Alltags* .. 105

4/11 Wenn Bäume reden könnten ///
    Forst Kannenbruch – Die kleinen Naturwunder 107

SEELUFT

40 Wie Jappe und Do Escobar sich prügelten ///
    Alter Leuchtturm – Travemünde 111

41 Von der Vogtei zur Kunstwerkstatt /// *Alte Vogtei – Travemünde* 113

42 Rolling home /// *Viermastbark Passat* 115

5/11 Ein wunderschöner Spaziergang – nicht nur für die Festtage ///
    Naturwunder Brodtener Steilufer 117

6/11 Zwischen Eulen, Störchen, Kranichen und Flamingos ///
    Naturwunder im Niendorfer Vogelpark 121

43 Ein Hafen, zum Malen schön /// *Hafen – Niendorf* 123

44 Im Einklang mit der Natur /// *Segelschule Skipper – Niendorf* 125

45 Shoppen, Schlemmen und Genießen /// *Timmendorfer Strand* 127

46 Von Fischfang, den Vitalienbrüdern und Schiffskatastrophen ///
    Hafen – Neustadt 129

LANDLUFT

... AUSFLÜGE IN DIE NÖRDLICHE UMGEBUNG

47 Gastronomisches Idyll im historischen Forsthaus ///
Das Forsthaus Lübeck 133

48 Von der Erdbeere zum Maislabyrinth /// *Karl's Erlebnis-Hof in Warnsdorf* . 135

49 Unter Palmen – mitten in der Holsteinischen Schweiz ///
Palmenhaus-Café – Sierhagen 137

⁷/₁₁ Mit dem Boot über die Holsteinische Seenplatte ///
Naturwunder auf der Fünf-Seen-Fahrt 139

50 Reiten, Radfahren, Einkehren und mehr ///
Timmdorf und Grebiner Mühle 141

51 Ein heimlicher Treffpunkt für Verliebte ///
Bräutigamseiche im Dodauer Forst 143

52 Ein Schloss wie in einem Traum /// *Schloss Eutin* 145

53 Das Weimar des Nordens /// *Kreisstadt Eutin* 147

⁸/₁₁ Wie in der Oper /// *Naturwunder Eutiner Wolfsschlucht* 149

54 Wasser, Wald, Wiesen /// *Prinzeninsel Plön – Bosau* 151

⁹/₁₁ Die Sage vom Ukleisee /// *Naturwunder Ukleisee bei Eutin* 153

55 Wenn Mönche strafversetzt werden /// *Kloster Cismar* 155

56 Erleben, wie es früher auf dem Lande war /// *Museumshof Lensahn* 157

¹⁰/₁₁ Und alles im Rhythmus der alten Zeit ///
Naturwunder erleben bei einer Kutschfahrt 159

57 Wo Slawen und Germanen aufeinandertrafen /// *Bosau am Plöner See* 161

58 Hinaus aufs Land – dort, wo das Alte jung geblieben ist ///
Pronstorf am Wardersee 163

... WESTLICH IN DIE NÄHE HAMBURGS

59 Wie ein Märchenschloss /// *Schloss Ahrensburg* 165

... IN SÜDLICHE GEFILDE

60 Auf den Spuren der Stecknitzfahrer /// *Friederikenhof* 167

61 Mit der Draisine unterwegs – im Baumhaus übernachten ///
Hollenbek bei Ratzeburg 169

62 Im Herzen der Eulenspiegelstadt /// *Mölln* 173

¹¹/₁₁ Rund um den Ratzeburger Küchensee ///
Naturwunder an der Farchauer Mühle 175

63 Wieder eine Löwenstadt /// *Ratzeburger Domviertel* 177

64 A. Paul Weber und Ernst Barlach /// *Künstler in Ratzeburg* 179

... ABSTECHER NACH MECKLENBURG-VORPOMMERN

65 Einst Todesstreifen – heute ›Grünes Band‹ /// *Schattin* 181

66 Vom Hansebund /// *Wismar* 183

Register 186
Bild- und Literaturnachweis 189

LUST AUF LÜBECK
Vorwort

Für viele ist Lübeck die Stadt des Holstentors und des Marzipans, ihre Umgebung Inbegriff des Strandurlaubs. Das ist richtig, aber Lübeck und Umgebung haben noch viel mehr zu bieten.

Dieses Buch lädt ein, einen Bruchteil der Vielfalt meiner wunderschönen Heimat näher kennenzulernen. Es soll eine Reise in die interessante Geschichte, die lebendige Gegenwart, die kulturelle Vielfalt und den unermesslichen Reichtum unserer Naturlandschaft sein. Lassen Sie sich verführen von den Reizen der mittelalterlichen Atmosphäre, den Verlockungen der Schönen Künste, den wundersamen Klängen der Wälder und Parks und den Düften der kleinen und großen Städte. Ich möchte Ihnen 66 Kulturerlebnisse und 11 Naturwunder auf eine Art näherbringen, wie es nur selten in den herkömmlichen Regionalführern geschieht. Entschuldigen Sie, dass ich ihnen dabei meinen persönlichen Stempel aufgedrückt habe. Aber ich muss gestehen, da ich hier den schönsten und größten Teil meines Lebens verbracht habe, kann ich nicht anders. Ich bin Fan meiner Heimat und ihrer Menschen. Das alte Vorurteil, die Norddeutschen seien wortkarg und verschlossen, ist eine der größten Legenden unserer Zeit.

Sie werden Lübeck und Umland im Radius von etwa 50 Kilometern erleben. Das abwechslungsreiche Gebiet umfasst Plön, Eutin, die Holsteinische Schweiz, die Lübecker Bucht mit ihrer Ostseeküste im Bereich zwischen Neustadt in Holstein und Travemünde, Ratzeburg, Ahrensburg, Mölln, Wismar und den westlichen Teil von Mecklenburg-Vorpommern.

Die alte Hansestadt Lübeck liegt im kulturellen Schnittpunkt von Ost (Mecklenburg-Vorpommern) und West (Schleswig-Holstein, Hamburg), von Nord (Ostholstein, Fehmarn) und Süd (Ratzeburg, Lauenburg). Sie ist traditionell das Bindeglied zwischen Nord- und Ostsee, zwischen Germanen und Slawen, zwischen Stadtbürgertum und Landadel, zwischen Backsteingotik und Barockgiebel, zwischen Kirchenmusik und Popmusik, zwischen Mittelalter und Neuzeit, zwischen Stadtkultur und Dorfkultur, zwischen Salzstraße und Vogelfluglinie.

So facettenreich wie seine Geschichte sind die Menschen in und um Lübeck. Hanseatische Kaufleute treffen auf Dorschfischer,

Marzipanbäcker gesellen sich zu den Rotweinhändlern, Dorfpastoren streiten sich mit Fürstbischöfen, Segler flanieren mit den höheren Töchtern auf der Travemünder Uferpromenade, Musiklehrer unterrichten Stadtjugendliche in einem fast 800 Jahre alten Refektorium, in dem noch genauso alte Wandfresken zu erkennen sind, ein Förster ist gleichzeitig Biolehrer und Tierarzt, ein temperamentvoller Kubaner bringt den Kaufmannsfrauen Samba bei.

Geschichtlich ist die Hansestadt eng verflochten mit Plön, Eutin, Ratzeburg und Wismar. Für Hamburger zählt die Region samt der beliebten Ostseeküste der Lübecker Bucht dank der ausgezeichneten Verkehrsanbindungen zum Naherholungsgebiet, vor allem an schönen Sommerwochenenden. Der Skandinavienkai in Travemünde ist der Angelpunkt Westeuropas hin zum Baltikum. Ein Regionalflughafen sorgt für Fluglinien nach Irland, Schweden, Polen, Italien und Spanien. Zwei Hochschulen, eine Medizinische Universität und eine Musikhochschule bereichern das geistige Leben der Stadt. Das Schleswig-Holstein-Musikfestival ist ohne Lübeck und seine Umgebung kaum überlebensfähig.

Entsprechend vielfältig, provinziell wie international, ist das Angebot an Kneipen, Restaurants, Theatern, Museen, Galerien, Kulturtreffs, Kulturwochen und so weiter. Darüber hinaus findet man historische Plätze in Stadtgärten und Parks, in Wäldern und Landschaften, an Seen und Stränden, in Bauernhöfen und Industriedenkmälern, in denen sich Einheimische wie Touristen gleichermaßen wohlfühlen.

Lübeck hat rund 210.000 Einwohner auf einer Fläche von über 210 Quadratkilometern. Die Lübecker Altstadt ist Teil des UNESCO-Welterbes und hat bisher drei Nobelpreisträger hervorgebracht (Thomas Mann, Willy Brandt, Günter Grass). Die Stadt, zu der auch das berühmte Ostseebad Travemünde gehört, zählt jährlich etwa 400.000 Touristen. Hinzu kommen mindestens genauso viele Gäste, die sich im Umland einquartieren.

Ich hoffe, Sie gehören bald auch zu den Glücklichen. Ich würde mich freuen, Sie begrüßen zu dürfen und Ihnen die Schönheiten meiner Heimat und ihrer Menschen näherzubringen.

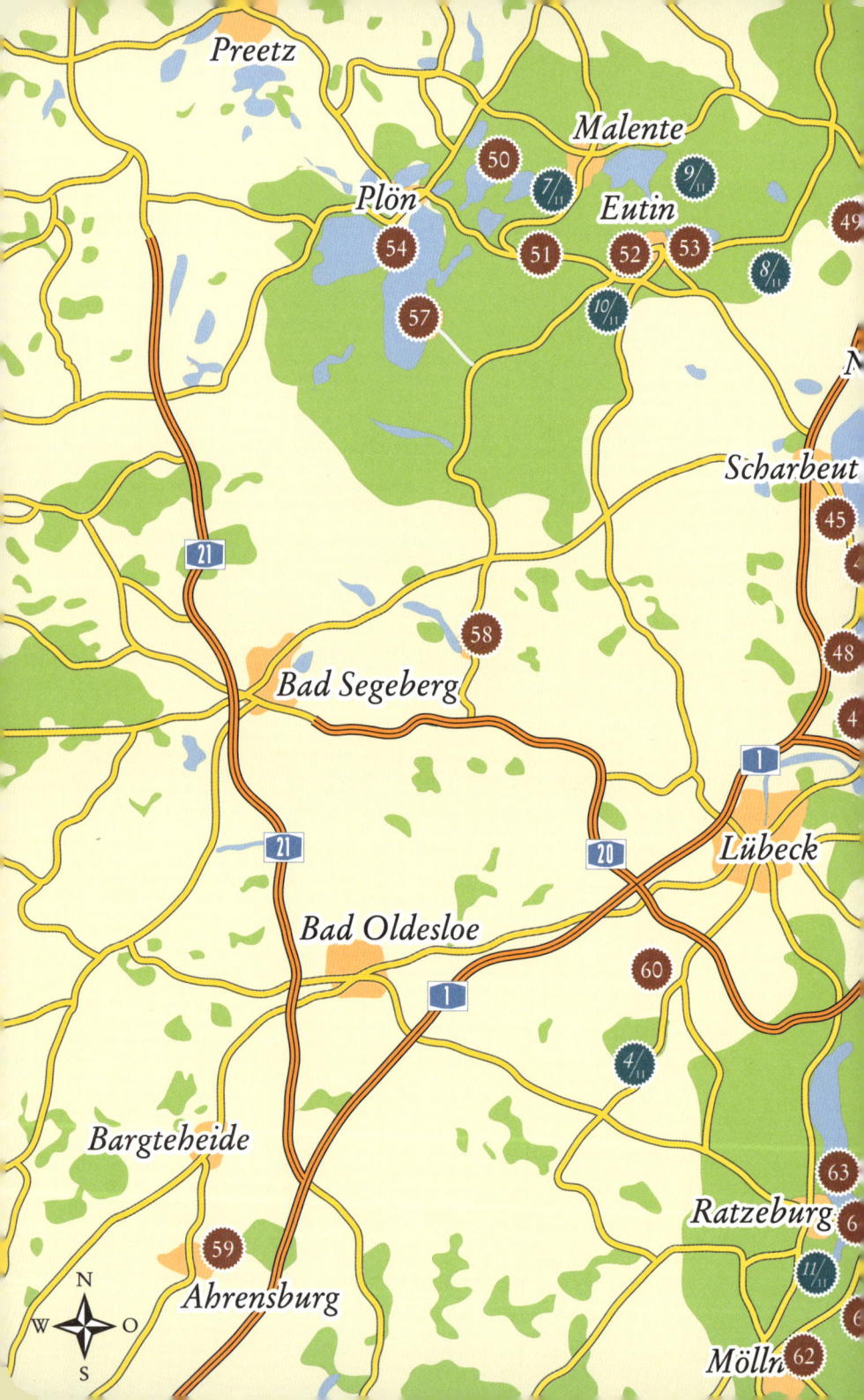

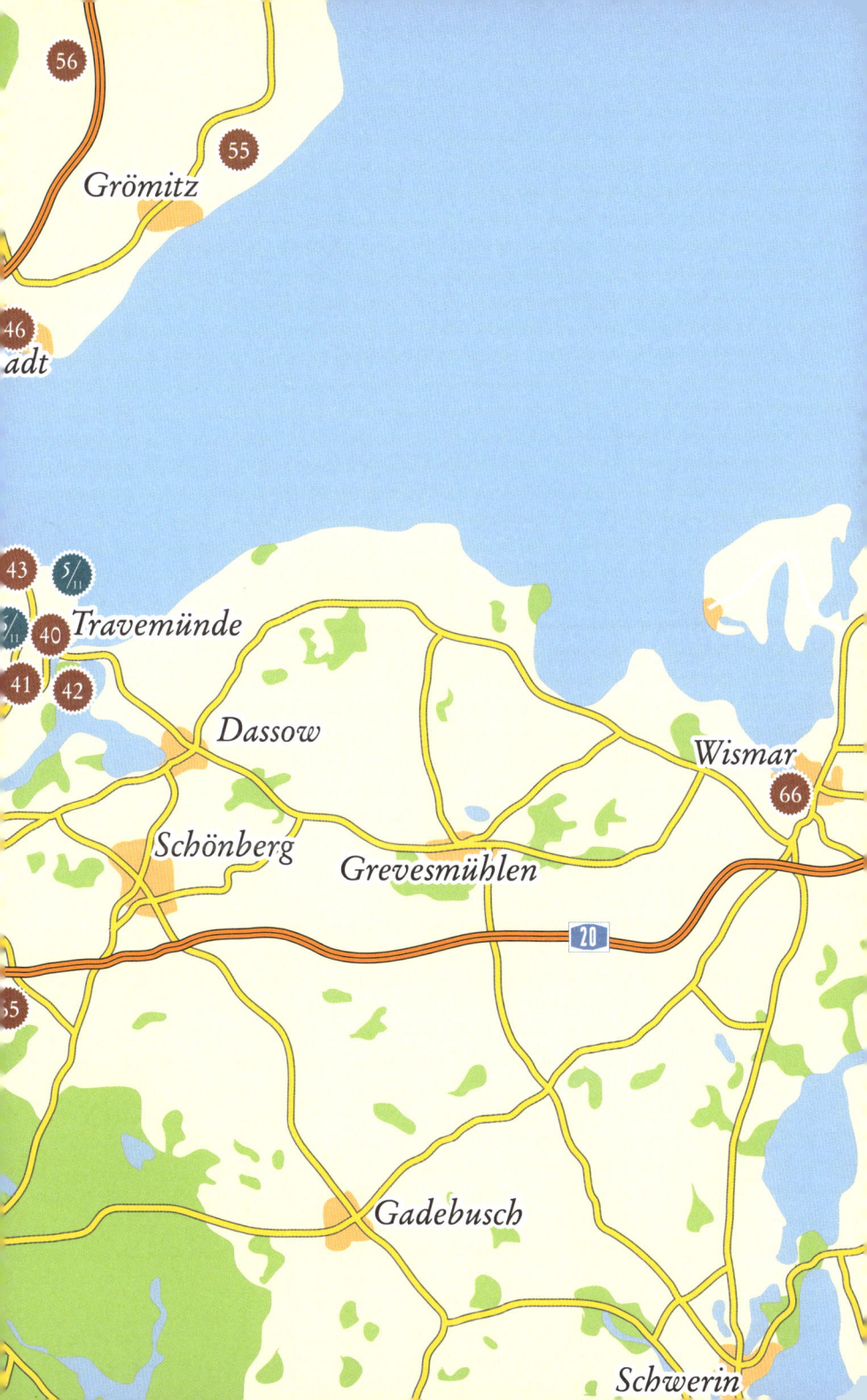

KULTURFORUM BURGKLOSTER MIT MUSEUM FÜR ARCHÄOLOGIE ///
HINTER DER BURG 2 – 6 /// 23552 LÜBECK /// 04 51 / 1 22 41 95 ///
WWW.MUSEEN.LUEBECK.DE ///

CAFÉ CONFESSIO /// HINTER DER BURG 6 /// 23552 LÜBECK ///
04 51 / 8 89 10 86 ///

EINE BURG DER ANDACHT UND DER BEGEGNUNG
Burgkloster

Eigentlich gehört zu jeder schönen mittelalterlichen Stadt eine Burg. Wenigstens eine romantische Ruine. Was ist aber, wenn ein Lübeckbesucher auf dem Stadtplan liest: »Burgstraße«, »Burgtor« oder »Burgkloster«, und er vor Ort nicht einmal die Andeutung einer Burg entdeckt? Er sollte keineswegs umkehren und enttäuscht nach Hause fahren. Denn das, was sich hier im Norden der Altstadt befindet, ist tausendmal interessanter als manche mühsam erhaltene Burgruine.

Eine Burg ist – oder war meistens – das Machtzentrum eines Adeligen. In Lübeck verlief die Geschichte jedoch etwas anders als beispielsweise auf dem Trifels in der Pfalz. Die Zeit der Burgherren dauerte hier nur kurz. Sehr früh, schon im 13. Jahrhundert, zu einer Zeit, als anderswo der Burgenbau seine Blütezeit erreichte, dominierte in Lübeck das Bürgertum. Man brauchte keine Burgen mehr.

Erste Burggründungen auf dem schmalen Höhenzug zwischen Trave und Wakenitz reichen in die Slawenzeit zurück. Im Zuge der Zweitgründung Lübecks durch Heinrich den Löwen in der Mitte des 12. Jahrhunderts entstand eine »deutsche« Burg. Sie erlebte eine kurze, aber turbulente Zeit. Als Burgherren wechselten sich Heinrich mit dem holsteinischen Grafen Adolf, dem Kaiser Barbarossa und dem Dänenkönig Waldemar ab. Bis sich endlich 1225 der Lübecker Rat durchsetzen konnte. Man schleifte die Burg und errichtete für die Dominikanermönche ein Kloster, das wir heute noch in weiten Teilen fast im Originalzustand bewundern können. Besonders beeindrucken das Sommerrefektorium, der Kapitelsaal, die Sakristei und der Kreuzgang.

Nach der Reformation diente der Komplex als Armenhaus. 2015 wird er in das neu erbaute Europäische Hansemuseum integriert. Es zeigt die Geschichte der Lübecker Kaufmannshanse, die sich im 14. Jahrhundert zu einer Städtehanse entwickelte. Hinzu kommen eine Archäologiesammlung und die Darstellung des *Lübischen Rechts*, einst das bedeutendste Stadtrecht Deutschlands.

☞ Ein Abstecher in den Seitentrakt lohnt sich, der von 1894 bis 1962 als Gerichtsgebäude diente. 1943 fand hier der Christenprozess statt, der vier Geistlichen das Leben kostete. Ein anschaulicher Erinnerungsort an nationalsozialistisches Unrecht.

VON WEHRHAFTEN MAUERN
UND STARKEN FRAUEN
Burgtor und Altes Zöllnerhaus

Wenn Sie den Stadtkern Richtung Norden verlassen, stoßen Sie auf ein einmaliges Ensemble mittelalterlicher Gemäuer: Das Burgtor, dessen mittlerer Torbogen und die unteren Geschosse schon der Stadtbefestigung von 1230 angehörten, links der alte Marstall, rechts das frühere Zöllnerhaus. Jenseits des Tors finden Sie eine kleine Grünanlage. Setzen Sie sich auf eine Parkbank, mit Blick auf die Altstadtkulisse, und lassen Sie Ihre Fantasie eine Reise antreten.

Sie beginnt mit den »Rasenden Weibern«. Als 1147 die heidnischen Wenden eindrangen, lagen die Lübecker gerade vom Johannistrunk vollgezecht im Taumel. Nur wenige konnten sich in die Burg retten: »Wie das die Weiber sahen, wurden sie toll, nahmen aus der Jakobikirche eine Fahne, bewaffneten sich mit Spießen, Beilen, Zangen und Messern und was einer jeden zur Hand kam, und stürzten in der Raserei auf die Feinde los. Diese aber meinten nicht anders, als käme ein neues Kriegsvolk aus der Stadt. Es entfiel ihnen der Mut. Sie ließen ihr Lager im Stich, und flohen in Hast auf die Schiffe und davon.«

Das unheilvolle Jahr 1806 übergehen wir, als es Napoleons Truppen gelang, Lübeck durch das Burgtor zu überrennen. Da waren keine mutigen Frauen zur Stelle. Erst 1912 tauchte im Zöllnerhaus wieder eine starke Frau auf: Ida Boy-Ed, eine für ihre Zeit emanzipierte Schriftstellerin. Ihrer Karriere wegen verließ sie die Familie, ein Skandal seinerzeit. Sie gehörte zu den ersten, die den jungen Thomas Mann förderte. Wenn Sie etwas Fantasie haben, öffnet sich das Mansardenfenster und die beiden winken Ihnen zu.

Auch heute bringt eine starke Frau Leben in das Haus. In der Burgtorweberei entstehen unter der kundigen Hand von Ruth Löbe mutig gemusterte Teppiche. Für ihre Entwürfe lässt sie sich gern von Kinderzeichnungen anregen, greift das Verspielte und Spontane darin auf und gibt ihren Arbeiten damit eine lebensfrohe Heiterkeit. Eine Heiterkeit, die die massiven Burgtormauern für einen Moment vergessen lässt.

✍ Klingeln Sie mal bei der Burgtorweberei. Gern verkauft Ihnen die Meisterin einen ihrer schönen Wollplaids. Und mit etwas Glück dürfen Sie das Turmzimmer direkt über dem Mitteltor betreten.

MEHR ALS NUR EIN ARMENHAUS

Heiligen-Geist-Hospital

Der Koberg bietet in östlicher und südlicher Richtung ein beeindruckendes Panorama mittelalterlicher Baukultur: Das Heiligen-Geist-Hospital mit den drei gotischen Giebeln, den vier minarettartigen Türmen und dem alles überragenden Dachreiter samt den ebenfalls gotischen Bürgerhaus-Giebelfassaden der Nebengebäude, die Pastorenhäuser zur Rechten und dahinter die Jakobikirche. Ebenso überwältigend ist ein Blick ins Innere der Kirchenhalle, deren Seitenschiffe von zwei Sterngewölben überspannt werden.

Setzen Sie sich auf einen der alten Chorstühle und genießen Sie die mittelalterliche Atmosphäre. Am beeindruckendsten finde ich die Malereien an der Nordwand. Sie zählen zu den ältesten ihrer Art in Norddeutschland. Lübeck beherbergt europaweit den größten Bestand an Wand- und Deckenmalereien, und das, obwohl in der schrecklichen Bombennacht 1942 vieles zerstört wurde. Aus etwa 400 Lübecker Häusern sind über 1.600 Malereien des Zeitraumes 1250–1800 bekannt. Oft liegen sie in mehreren Schichten übereinander, weil Wände und Decken immer neu bemalt wurden. Nicht alle sind vollständig erhalten oder gut lesbar. Viele von ihnen sind gefährdet.

Die um 1320 entstandenen Ausmalungen der Nordwand wurden kürzlich umfassend restauriert und gehören heute zu den eindrucksvollsten Zeugnissen damaliger Wandmalerei. Links sehen wir den Salomonischen Thron, rechts die Majestas Domini. Diese zeigt in der Mitte Christus als Salvator mundi auf einem Regenbogen sitzend, mit den Füßen auf der Weltkugel, eingerahmt in eine Regenbogenmandorla. Um ihn herum Evangelistensymbole und Porträts der Förderer und Vorsteher der Stiftung. Der gesamte Gebäudekomplex diente von Anfang an als Spital für Arme und Kranke, später als Seniorenheim. Durch eine kleine Tür gelangt man in die Hospitalhalle, wo bis heute die kajütenartigen Kammern der Bewohner erhalten sind. Zur Weihnachtszeit füllen sie sich mit Kunsthandwerkern und bilden dann einen der schönsten und meist besuchten Weihnachtsmärkte Deutschlands.

Kehren Sie zu einem Schoppen im Historischen Weinkeller ein, dem stimmungsvollen mittelalterlichen Gewölbe unter dem Hospital.

Wenn man sich den Stadtplan der Lübecker Innenstadt vor Augen hält, fällt die übersichtliche Anordnung der Straßen auf. Frühzeitig achtete der Rat auf eine planvolle Nutzung des beschränkten Siedlungsraums. Die in Nord-Süd-Richtung verlaufenden Handelswege werden von einem Netz von Querstraßen durchzogen. Durch ihr natürliches Gefälle zum Wasser hin waren sie leicht zu reinigen, und der stetige Westwind sorgte für frische Luft. Bald war die Insel zugebaut. Aber wie neuen Wohnraum schaffen?

Durch das Aufblühen der Hanse im 14. Jahrhundert erlebte Lübeck einen enormen Bevölkerungszuwachs. Besonders in den Randbereichen, in denen die Ärmeren lebten, drängten sich die Menschen. Man bebaute die Hinterhöfe mit sogenannten Buden, die man nur durch einen schmalen Tordurchgang erreichen konnte. Hauptsache ein Sarg passte hindurch. Hier wohnten in den 180 Gängen vorrangig einfache Handwerker, Träger oder sonstige Mitglieder der Unterschicht. Eine Bude maß etwa fünf mal sechs Meter: Ein Zimmer mit winziger Küche im Erdgeschoss, ein Wohn- und Schlafraum im Dachgeschoss. Gelegentlich sonnte man sich in einem kleinen Resthof. Hauptsache, man hatte ein Dach über dem Kopf und eine eigene Feuerstelle. Wer das nicht nachweisen konnte, durfte nicht heiraten. Neben diesen Armenquartieren gab es auch soziale Einrichtungen, Stiftungen wohlhabender Kaufleute. Im Füchtingshof, in der Glockengießerstraße, lebten die Witwen der Schiffer und Kaufleute etwas gehobener. Damit sich keine Witwe benachteiligt fühlte, hatten hier alle Wohnungen die gleiche Größe.

Diese Stiftshöfe sind heutzutage herrlich restauriert und liebevoll mit Blumenarrangements gestaltet. Aber auch die Handwerkergänge im Norden und rund um den Dom haben sich gemausert. Geschickt wurden Buden zu modernen Kleinhäusern zusammengefasst. Sie gelten heute als Oasen inmitten der Großstadt. Ich flaniere gerne durch die Gänge und Höfe und setze mich auf eine der einladenden Bänke. Die Bewohner freuen sich über Besucher, vorausgesetzt man respektiert ihre Privatsphäre.

☞ Vertrauen Sie sich den Lübecker Stadtführern an. Regelmäßig veranstalten sie eine interessante Führung durch die Gänge und Höfe.

WO SICH STILLE UND MUSIK
NICHT WIDERSPRECHEN

St. Jakobi

Der Jakobsweg nach Santiago de Compostela beginnt nicht erst vor den Pyrenäen. Wer durch das kleine Wäldchen bei Schwinkenrade nördlich von Lübeck wandert, sollte sich nicht über die Wegweiser mit der Jakobsmuschel wundern. Die Jakobikirche, benannt nach dem Patron der Wallfahrer und Seeleute, galt seit jeher als wichtige Zwischenstation für die Pilger aus dem Osten. Egal von welcher Seite man sich ihr nähert, ihr hoher Turm mit den barocken Kugeln am schlanken Helm weist stets den rechten Weg.

Stets war die Jakobikirche das geistliche Zentrum der Seefahrer. Nicht von ungefähr befindet sich ihr gegenüber die Schiffergesellschaft, in der früher deren Angelegenheiten geregelt wurden. Der Weg hinunter zum Hafen ist nicht weit. Seit 2007 hat die Kirche den Rang einer Nationalen Gedenkstätte der zivilen Schifffahrt. Sie beherbergt nämlich das Wrack eines Rettungsbootes der 1957 in einem Atlantikhurrikan gesunkenen Viermastbark Pamir, dem Schwesterschiff der in Travemünde liegenden Passat. Nur 6 von 86 Besatzungsmitglieder konnten gerettet werden. Die Tragödie führte zum Ende der frachtfahrenden Schulschiffe. Wenige Wochen später wurde die Passat außer Dienst gestellt.

So ist die Jakobikirche ein Ort des Gedenkens, ein stiller Ort. Aber sie ist auch gleichzeitig ein Ort des Lebens, ein Ort der Musik. Ich komme gern hierher wegen der drei historischen Orgeln. Während in anderen Kirchen Lübecks kostbare Instrumente der Bombennacht von 1942 zum Opfer fielen, blieben diese Orgeln weitgehend erhalten. Die Stellwagenorgel in der Nordwand ist kulturgeschichtlich von allergrößtem Wert. Das gotische Blockwerk wurde 1637 von Friedrich Stellwagen ausgebaut und befindet sich im Wesentlichen noch heute im Originalzustand. Eine ähnliche Geschichte kann die Große Orgel an der Westseite aufweisen. Sie besticht durch den barocken Prospekt. Das kleine Richbornpositiv, eine transportable Tischorgel mit dem Originalschrank von 1673, rundet den Klangreichtum ab.

> ✎ Beim Brömse-Altar in der Kapelle an der Südseite lohnt ein längeres Verweilen. Der Altar aus dem ausgehenden 15. Jahrhundert mit seinen ergreifenden Passionsszenen ist eines der bedeutendsten Kunstwerke Norddeutschlands.

VON HANSEATISCHEN SEEBÄREN UND STÜRMISCHEN ZEITEN
Schiffergesellschaft

Auf den ersten Blick ein Gespensterraum. Von den patinabraunen Deckenbalken hängen Schiffsmodelle wie Damoklesschwerter über den Köpfen der Gäste. Furchterregende Kanonen- und Wikingerboote mit säbelrasselnden Kriegern auf den Segeln. An der Wand Ölgemälde mit maritimen Motiven aus der Bibel. Harte Bänke mit roh-naiven Schnitzereien. Das spärliche Licht, das durch das Fenster dringt, von wenigen Funzeln unterstützt, erweckt den Eindruck, als sitze man tief unten in einem Schiffsleib.

Dabei ist es eines der angesagtesten Lokale Lübecks. Der Schriftsteller Hans Leip bezeichnete es einmal als »die klassischste Kneipe der Welt«. Wem es zu dunkel ist, kann an Sonnentagen auch im Garten sitzen. Ich bevorzuge den traditionsschwangeren Gespensterraum. Früher gingen hier Seeleute, Kapitäne und Reeder durch den Eingang mit den beiden Beischlagwangen – das waren Sitzbänke, die man beischlagen, also hochklappen konnte – aus gotländischem Kalkstein, um ihre Streitigkeiten zu schlichten, um Schiffspässe auszustellen, die Bewachung des Hafens zu organisieren oder um von den Schiffsreisen zu berichten. Die Beischlagwangen finden sich auch im Gastraum wieder, die langen, als Gelage dienenden Bankreihen, deren Backwangen die Wappen der verschiedenen Schifffahrtskompanien, der Bergenfahrer, der Schonenfahrer und anderer andeuten.

Die Schiffergesellschaft wurde 1401 als St. Nikolaus Bruderschaft gegründet: »Zu Hilfe und Trost der Lebenden und Toten und aller, die ihren ehrlichen Unterhalt in der Schifffahrt suchen.« Die Gemeinschaft Schiffergesellschaft existiert noch heute. Die Hauptaufgaben der Schifferbrüder, alles Kapitäne aus Lübeck und Umgebung, liegen im sozialen Bereich und in der Pflege und Unterhaltung der denkmalgeschützten Häuser. Daneben halten sie in Ausstellungen und Vorträgen die Erinnerung an die hanseatische Schifffahrt wach oder organisieren Traditionssegler-Regatten. Und manchmal trifft man sie biertrinkend und seemannsgarnspinnend im Gespensterraum.

Maritime Nachtschwärmer finden sich zu einem Cocktail im Gotteskeller ein, dem nicht weniger gespenstischen unterirdischen Gewölbe des Geisterhauses.

LA HAVANNA /// ENGELSGRUBE 56 /// 23552 LÜBECK ///
01 73 / 6 42 79 24 ///
WWW.LAHAVANNA-LUEBECK.DE ///

EIN HAUCH VON KARIBIK
IM 500 JAHRE ALTEN LÜBECKER DIELENHAUS

Karibik-Tanzbar La Havanna

Was treibt einen Kubaner nach Lübeck? Ganz einfach: Die Liebe. Der temperamentvolle Tanzlehrer Hector und die sympathische Ilona haben sich auf Kuba kennengelernt, sich ineinander verliebt, und bald gelang es ihr, ihn in den Ehehafen zu ziehen. Nach Lübeck, wo sie eine stilvolle Karibik-Bar aufmachten. Aber Hector gesteht, dass er noch einen anderen Grund hat, im kühlen Norden eine neue Heimat zu finden. Er will uns die reichhaltige kubanische Kultur näherbringen. Er ist stolz auf sie. Zu Recht.

Eine Live-Band spielt karibische Klänge. Die kubanische Version des Salsa klingt rhythmisch, verspielt und lebendig. Bereits auf den ersten Eindruck einprägsam und mitreißend. Aber dennoch gibt es verwirrend viele Tanzgrundschritte, die teilweise recht kompliziert sind. Ab und zu akzentuiert ein Tap, das unbelastete Aufsetzen eines Fußes, den Tanzrhythmus. Wenn man die Technik beherrscht, sieht es elegant und temperamentvoll aus.

Hector erkennt sofort, wenn ein Latino tanzt. »Die Deutschen sind nicht locker genug. Sie arbeiten zu viel mit den Schultern, rudern mit den Händen, machen eckige Bewegungen oder wackeln mit den Hüften. Der Kubaner hingegen tanzt mit dem Unterleib.« Und seine Frau ergänzt: »Es ist die Grundeinstellung zum Tanzen. Wir Deutschen neigen zu vornehmer Zurückhaltung. Nach dem Motto: Bloß nicht blamieren, bloß keine Emotionen zeigen.«

Geduldig widmet sich Hector den Tänzern. »Ältere tanzen besser als die Jüngeren«, findet er. Wahrscheinlich, weil man sich mit zunehmendem Alter gerne wieder ein Stückchen Kindsein ersehnt. An der Bar und oben auf der Diele sitzen Gäste entspannt bei einem Drink und schauen den Tanzenden zu. Hier schmeckt der Mojito genau so, wie er soll. »Die richtige Rumsorte, der richtige Zucker, ein spezielles Sodawasser und natürlich absolut frische Minze, das ist das Geheimnis.« Aber er verrät sein Rezept nicht. Es schmeckt exzellent. Mojito auf der Zunge, Casino im Ohr: Das ist wie ein karibisches Paradies inmitten der Hansestadt Lübeck.

✍ Wer nicht das Tanzbein schwingen will, sollte donnerstags kommen, zur Cocktail Happy Hour.

ROTSPON UND MEHR

Traditions-Weinhaus Tesdorpf

Rotspon – manche rümpfen die Nase und halten den Wein für einen billigen Verschnitt. Das Gegenteil ist der Fall, zumindest, wenn man ihn an der richtigen Adresse kauft. Schon Napoleon, dessen Truppen 1806 Lübeck besetzten, soll verwundert gefragt haben, warum ein französischer Wein in Lübeck besser schmecken könne als in Frankreich selbst. Johann Matthäus Tesdorpf, damals Bürgermeister, ließ dem Kaiser einige Kisten schicken. Statt einer Bezahlung erhielt er ein höfliches Dankesbillet. Und Friedrich der Große servierte seinem Gast Voltaire Lüb'schen Rotwein.

Der Name kommt vom niederdeutschen ›Spon‹, Holzfass. Woher kommt diese prominente Achtung des Rotspons? Schon früh bemerkten die hanseatischen Händler, dass per Schiff transportierter Wein durch die Seereise an Reife und mildem Geschmack gewann. Die weitere Zwischenlagerung im Seeklima Lübecks tat ein übriges. Hier wurde der Wein in spezielle Flaschen umgefüllt. So entwickelte sich ein Qualitätswein, der bis an den russischen Zarenhof und den preußischen Königen und Kaisern in Berlin und Potsdam geliefert wurde. Das Weinhandelshaus Tesdorpf, 1678 gegründet, gilt als ältestes deutsches Weinimporthandelshaus. Das Erfolgsrezept des Hauses sind die engen Beziehungen zum Handelsplatz Bordeaux. Im Jahre 1782 heiratete Hinrich Tesdorpf die Tochter der renommierten Weindynastie Schröder-Schyler in Bordeaux. Noch heute dürfen nur Tesdorpfs die kostbaren Schätze in den Kellern von Château Kirwan begutachten.

Die Familie von Thomas Mann war mit den Tesdorpfs eng befreundet. Krafft Tesdorpf war Thomas Manns Vormund. In den *Buddenbrooks* lässt der Schriftsteller die Familie Tesdorpf unter dem Pseudonym »Weinhändler Kistenmaker« auftreten.

Kennen Sie den Wittspon? Das ist ein Weißwein, der lange Zeit im Schatten seines berühmten Bruders stand, aber ähnlichen Bedingungen unterliegt und ebenfalls hohe Qualität beinhaltet. Das Haus Tesdorpf lässt diesen Wein neuerdings wieder aufleben. Was mich freut, denn ich bin eher ein Liebhaber von klassischen, fruchtig frischen Weißweinen.

🖋 Es muss nicht immer Rotspon sein. Sollten Sie einen teuren Geschmack und viel Kleingeld haben, probieren Sie den Masseto aus der Toskana, 100 % Merlot, limitierte Auflage, 450 Euro die Flasche …

STRANDSALON /// **WILLY-BRANDT-ALLEE 25 A** /// **23554 LÜBECK** ///
04 51 / 3 97 08 88 /// **WWW.STRANDSALON.DE** ///
WWW.MUSEUMSHAFEN-LUEBECK.ORG ///

Reif für die Insel? Strand, Sonne, unter Palmen liegen, einen Cocktail genießen? Dazu müssen Sie nicht nach Mallorca fliegen. Das können Sie auch mitten in Lübeck haben. Auf der Wallhalbinsel direkt hinter den Media Docks, mit Blick auf die Altstadtkulisse und die denkmalgeschützten Hafenanlagen. Wenn Sie Glück haben, legt die Superyacht des russischen Milliardärs Abramowitsch an der benachbarten Kaimauer an. Vielleicht lädt er Sie zu einem Drink ein. Lehnen Sie ruhig ab, denn hier im Strandsalon ist's gemütlicher.

Dort, wo sich einst die Holzladungen stapelten und die Hafenarbeiter schufteten, hat ein findiger Gastronom perlweißen Strandsand aufschütten lassen, Palmenkübel und Strandkörbe aufgestellt, eine Bühne für Live-Auftritte, eine Leinwand zum Public Viewing installiert und ein reichhaltiges Angebot an Erfrischungsgetränken bereitgestellt. Zwar blickt man auf die alten Hafenanlagen und die inzwischen denkmalgeschützten Ladekräne, aber von Maloche ist hier keine Rede mehr. Wer hier mit einem Longdrink in der Hand auf Lübecks Altstadtkulisse blickt, ahnt vermutlich nicht, dass der Ort eine bewegte Geschichte hinter sich hat.

1886, als es den heutigen Umschlaghafen Travemünde noch nicht gab, konnte der gesamte Ostseehandel über den Stadthafen abgewickelt werden. Lübeck verzeichnete – nach Stettin – den größten Umschlag mit den Ostseestaaten, sogar vor Hamburg. Erst durch die Inbetriebnahme des Nord-Ostsee-Kanals 1895, durch den viele Schiffe direkt an die Westküste fuhren, verlagerte sich das Bild zugunsten Hamburgs. Am Behnkai, also an der Flanke des heutigen Strandsalons bei dem markanten Drehkran, entstand 1887 die erste steinerne Kaimauer mit einer garantierten Wassertiefe von 6,5 Metern, angebunden an das norddeutsche Eisenbahnschienennetz. Heute machen hier Sportboote fest, und die Mannschaft kann Beachvolleyball spielen. Dieses Angebot gilt natürlich auch für alle anderen Beachvolleyball-Begeisterten, die reif sind für die Insel.

🖉 Statten Sie dem denkmalgeschützten Drehbrückenhaus von 1892 am Eingang zur nördlichen Wallhalbinsel einen Besuch ab. Die Maschinenanlage steuerte nicht nur den Brückenbetrieb, sondern konnte über ein unterirdisches Leitungssystem auch den Drehkran antreiben.

VON KOGGEN, KRAWEELEN UND KANONEN
Die Lisa von Lübeck im Museumshafen

Was wäre Lübeck ohne die Hanse? Und was wäre die Hanse ohne ihre Seeschiffe? Lübeck wäre heute nicht Weltkulturerbe. Und Lübeck hätte heute nicht sein Flaggschiff, die *Lisa von Lübeck*, den Nachbau eines für die Hanse wichtigen Boots vom Typ Kraweel, das oft mit einer Kogge verwechselt wird. Im Unterschied dazu wurden die Planken des Schiffskörpers nicht mehr wie Ziegel übereinander, sondern glatt nebeneinander angebracht. Das machte die Kraweel schneller und belastbarer als die Kogge, sodass sie mehr Ladung transportieren konnte.

Stellen Sie sich vor, Sie haben von einem 1.000-teiligen Puzzle eines Segelbootmotivs nur noch 100 Teile und sollten daraus das Schiffsmodell rekonstruieren. Weder Bauskizzen noch Funde von Wracks einer Kraweel gab es, nur ein paar Abbildungen auf alten Ölgemälden. Fast unmöglich, aber die Fachleute der Gesellschaft Weltkulturerbe haben es geschafft: sieben Jahre Planung, fünf Jahre Bau. Nahezu alles mit Stiftungsgeldern, Mitteln der Arbeitsbeschaffungsmaßnahmen und ehrenamtlicher Hilfe. Dutzende junge Menschen ohne Berufsabschluss standen in einer Reihe mit altgedienten Facharbeitern und arbeitslosen Handwerkern. Herausgekommen ist ein seetüchtiges Schiff, das weitgehende Ähnlichkeiten mit denen der Hansezeit aufweist. Sogar die Bewaffnung wurde originalgetreu nachempfunden: Als Hinterlader konstruierte Stabkanonen sorgten damals für die Sicherheit der Handelsware. Sie konnten zwar den Gegner nicht versenken, ihn jedoch manövrierunfähig machen, indem sie dessen Takelage zerstörten. Auf der Ostsee werden sie heutzutage wohl nicht mehr zur Anwendung kommen. Allerdings konnte beim Nachbau auf moderne Motoren- und Sicherheitstechnik nicht verzichtet werden. So liegt die Kraweel nicht als Museumsstück im Hafen, sondern kann über die Meere gleiten. Auch Sie können an diesem Erlebnis teilhaben. Die Gesellschaft bietet Ausflugsfahrten für Gruppen und Einzelpersonen an. Der Laderaum wird für Veranstaltungen genutzt, etwa für eine stilvolle Jubiläumsfeier in maritim-mittelalterlichem Ambiente.

✏ Ein Bummel entlang der Untertrave führt an einer Reihe von Traditionsseglern vorbei. Gerne erzählen die Schiffer von ihren wunderschön anzuschauenden Booten.

MUSEUM BEHNHAUS/DRÄGERHAUS /// KÖNIGSTRASSE 9 – 11 ///
23552 LÜBECK /// WWW.MUSEEN.LUEBECK.DE ///

Wenn man die Königstraße hoch zum Koberg geht, zeigt sich das vom Mittelalter geprägte Lübeck in einer untypischen Weise. Statt der Backsteingotik finden wir hier ein Ensemble repräsentativer Wohnhäuser mit klassizistischen Fassaden. Mittendrin befindet sich das Zwillingsmuseum Behnhaus / Drägerhaus. Es repräsentiert nicht nur die Pracht eines reichen Kaufmanns gegen Ende des 18. Jahrhunderts, sondern beherbergt auch eine Kunstsammlung des 19. Jahrhunderts und der Klassischen Moderne.

Hinter der hohen Eingangstür öffnet sich der Blick in eine beeindruckende Diele. Eine doppelarmige Treppe führt zur umlaufenden Galerie des ersten Stocks und setzt sich nochmals doppelarmig fort hin zu einer zweiten Galerie im Obergeschoss. Hohe Fenster mit Aussicht auf den Garten lassen warmes Tageslicht hineinfluten. Früher fuhren bei feierlichen Anlässen die Kutschen der Gäste direkt bis vor diese Treppe, deren Aufgang von zwei Windlichter tragenden Skulpturen bewacht wird.

Die zur Straße gerichteten Zimmer erfüllten repräsentative Funktionen. Ein weitgereister Kaufmann hatte immerhin so etwas wie Staatspflichten zu erfüllen. Besonders schön: Der Blaue Saal mit seinen Grisaillevignetten an den Wänden. Die Flügelräume zum Garten, der private Bereich der Besitzer, spiegeln eher eine intime Atmosphäre wider. Hier beeindruckt das Zimmer mit den bemalten oder mit Tapeten bespannten Wänden, die mit Allegorien verzierte, luftige Landschaften zeigen. Im benachbarten Drägerhaus befindet sich die einzig erhaltene Festraumfolge des Rokoko in Lübeck.

Ein weiterer Schatz des Museums ist die Gemäldesammlung. Werke des in Lübeck geborenen Friedrich Overbeck geben Einblicke in die Kunst der Nazarener. Die Landschaftskunst ist mit vier Bildern von Caspar David Friedrich vertreten. Mein persönlicher Höhepunkt: Edvard Munch mit einem Gemälde der Söhne seines Lübecker Mäzens Max Linde.

✎ Ein Besuch des Gartens mit dem Pavillon der Overbeck-Gesellschaft lohnt sich. Man kann durch die Bürgergärten, einem Skulpturenpark, bis hin zum Heiligen-Geist-Hospital spazieren.

EINE NOCH HEUTE LEBENDIGE GESAMTKLOSTERANLAGE

St. Katharinen

Dies ist ein Ort, an dem ich persönlich sehr hänge. Nicht nur, weil sich mit ihm eigene Erinnerungen verbinden, sondern auch, weil er zu den kulturellen Highlights Lübecks zählt. Die Katharinenkirche ist Teil einer bis heute in seiner Gesamtheit erhaltenen Klosteranlage, ein gewichtiger Bestandteil des Weltkulturerbes Lübeck. Das 1225 gegründete Franziskanerkloster besteht aus der Kirche (heute ein Museum), der Klosteranlage (heute ein Gymnasium) und dem Trakt, der zur Stadtbibliothek gehört.

Als Chorleiter durfte ich die Kirche mit Musik füllen: Vom Altar aus mit dem Schulchor in einer Interpretation der ›Schöpfung‹ von Haydn, vom Lettner aus mit Werken von Buxtehude und vom Schwalbennest hoch oben mit einem Kammerchor, der Motetten von Schütz erklingen ließ. Setzen Sie sich in die vordere Bankreihe. Richten Sie dabei Ihr Augenmerk auf das Fresko von 1515 am Choraufgang: St. Franziskus erhält die Wundmale Christi. Und wo begegnet man schon einem echten Tintoretto? – Auf einem Epitaph im südlichen Seitenschiff. Er stellt die Auferweckung des Lazarus dar. Im Zuge der Reformation wandelte man das Katharinenkloster 1531 in eine Lateinschule um. Eine schmale Pforte führt in diesen Teil der Anlage. Hier besticht neben dem Kreuzgang vor allem das ehemalige Refektorium, der heutige Musikraum. An dessen westlicher Seite befinden sich alte Einritzungen. Während im Mittelalter der Lektor von seinem Podest herunterdozierte, reagierten die Mönchsschüler ihre Langeweile auf der vom Lehrer nicht einsehbaren Seite der Säule ab. Diese Tradition setzte sich über die Jahrhunderte fort. Weil sich die Lehrerposition inzwischen nach Süden verlagerte, prangen heute an der anderen Seite moderne »Hieroglyphen« wie zum Beispiel AC/DC.

An der Westwand sind Reste eines Freskos aus dem 15. Jahrhundert erhalten. Es stellt die Verkündigung Mariens mit dem symbolischen Einhorn und die Marienkrönung dar. Ob die heutigen Schüler das zu schätzen wissen, ist fraglich.

✍ Betrachten Sie beim Verlassen der Kirche die Straßenfront. In den Nischen entdecken Sie Figuren von Ernst Barlach, die eine bewegte Vergangenheit aufweisen. In der NS-Zeit mussten sie versteckt werden, weil sie nicht der arischen Politik entsprachen.

So beginnt einer seiner bekanntesten Romane *Der Butt* aus dem Jahre 1977. Dieser Satz wurde 2007 zum schönsten ersten Satz eines deutschsprachigen Romans gewählt. Und heute ziert die Skulptur *Butt im Griff* den Innenhof des Anwesens. Der Butt, von Grass in seinem Roman als sprechender Fisch, als »Beratender in Männerfragen« eingeführt, weist heute – in meinen Augen ebenso ironisch – dem Besucher den rechten Weg. Aber der Bronzeguss aus dem Jahre 2002 macht noch etwas anderes deutlich, etwas, das nicht allen bekannt ist. Die meisten verbinden den Namen Günter Grass mit literarischen Werken, Büchern wie *Die Blechtrommel* oder *Die Rättin*. Weniger bekannt, aber nicht minder wichtig ist seine bildhauerische und zeichnerische Arbeit. Dies verwundert jedoch nicht, wenn man bedenkt, dass er eine Steinmetzlehre absolvierte und an der Düsseldorfer Kunstakademie Grafik und Bildhauerei studierte. Insofern spiegelt das Günter-Grass-Haus so etwas wie das Gesamtkunstwerk seines Namensgebers wider.

Aber man sollte auch nicht sein politisches Engagement aus den Augen verlieren, wenn man durch die Höfe und Räume schreitet. Oft unterstützte er den Wahlkampf der SPD, besonders in Zusammenarbeit mit Willy Brandt. Nicht von ungefähr stößt der Garten des Grass-Hauses an den des Willy-Brandt-Hauses, das von der Königstraße her zu erreichen ist. Herrlich sitzt es sich in dem kleinen Innenhof vor dem *Butt*. Es ist friedlich, aber dennoch spürt man die Anwesenheit eines Mahnenden: des kritischen Geistes Günter Grass.

Von den drei Nobelpreisträgern, die mit unserer Stadt verbunden sind, wurden Thomas Mann und Willy Brandt in Lübeck geboren. Günter Grass als der dritte hat seit 1995 sein Sekretariat in der Glockengießerstraße und wohnt heute in der Nähe der Hansestadt. Das Altstadthaus beherbergt heute das *Forum für Literatur und Bildende Kunst*. Es bietet Einblicke in die künstlerische Arbeit des gebürtigen Danzigers und schafft Raum für Sonderausstellungen mit Demonstrationsobjekten weiterer Begabungen des Schriftstellers.

Ⓕ   Kehren Sie anschließend nebenan im Wein-Castell ein. Es bietet exklusiv eine Günter-Grass-Edition an. Das sind vom Namenspatron persönlich ausgewählte Weine mit von ihm eigens gestalteten Etiketten. Ideale Geschenke.

THEATER LÜBECK GGMBH /// BECKERGRUBE 16 /// 23552 LÜBECK ///
04 51 / 7 08 80 /// WWW.THEATERLUEBECK.DE ///

EIN JUGENDSTILTRAUM ERFÜLLT SICH
Theater Lübeck

Eigentlich sollte man bei einem Theater nicht das Haus, sondern das Niveau der Aufführungen hervorheben. In Lübeck ist das anders. Hier zeigen sich beide von der schönsten Seite. Dirigenten wie Hermann Abendroth und Christoph von Dohnányi, Schauspieler wie der in Lübeck geborene Horst Frank und Sänger wie Peter Hofmann als Tamino in *Die Zauberflöte* begannen hier ihre Karrieren. Selbst Thomas Mann – sonst recht kritisch im Umgang mit seiner Heimatstadt – ist in den *Buddenbrooks* voll des Lobes.

Lübeck ist also durchaus einen Theaterbesuch wert. Aber nicht nur wegen der künstlerischen Leistungen. Ich sitze auch deswegen gerne im Großen Haus, weil mich der Bau und vor allem der Saal immer wieder aufs Neue fasziniert. Anfangs waren die Theaterdarbietungen in Lübeck noch an bürgerliche oder kirchliche Institutionen gebunden wie die spätmittelalterlichen Kaufmannsverbindungen der Zirkelgesellschaften oder die Schulspiele der Lateinschule St. Katharinen. Vorerst gab man sich mit Laiendarstellern zufrieden. Das Theater war in einem ehemaligen Handelsherrenpalast untergebracht und hat manche Umbauten erlebt. Im Jahre 1752 kaufte ein wohlhabender Zimmermeister das geräumige Haupthaus mit den elf Fenstern zur Straßenseite hin. Als kulturbewusster Handwerker ließ er es zu einem Theater und Opernhaus umbauen. Es diente zunächst als Tummelplatz für durchreisende Theatergruppen. Nachdem jedoch im Jahre 1794 *Die Zauberflöte* auf den Spielplan gesetzt wurde, hatte man die vornehmeren Bürger von Lübeck für sich gewinnen können. Es entstand eine geräumige Bühne mit einem Platz für das Orchester und einem Zuschauerraum, standesgemäß in »Parterre« (Eintritt 20 Schilling) und »Gallerie« (Eintritt acht Schilling) unterteilt. Später schuf man eine von Meeresornamentik geprägte Jugendstildecke mit einem gigantischen Kronleuchter und goldenen Sternen auf blauem Grund, umrahmt von einem Kranz aus Blattwerk und Rosetten. In diesem Ambiente sind Opern wie *Salome* ein doppelter Genuss.

🖉 Das Haus bietet öffentliche Theaterführungen an. Auch für Familien mit Kindern ab 8 Jahren.

**BUDDENBROOKHAUS /// MENGSTRASSE 4 /// 23552 LÜBECK ///
04 51 / 1 22 41 90 /// WWW.BUDDENBROOKHAUS.DE ///**

**RATSKELLER /// AM MARKT /// 04 51 / 7 20 44 ///
WWW.RATSKELLER-ZU-LUEBECK.DE ///**

Die beeindruckende Barockfassade mit den Sprossenfenstern, in denen sich der rote Backstein der Marienkirche spiegelt, kann eine wechselhafte Geschichte erzählen. In der Bombennacht am Palmsonntag 1942 wurde das Haus total zerstört. Nur die Fassade und die Figur rechts unterhalb des Giebels, die Göttin der Zeit, blieben übrig. Als sei die Zeit zeitlos. Alles andere ist neu. Liebevoll restauriert, aber nicht historisch. Das einstige Wohnhaus der Großeltern der Gebrüder Mann lädt zum Verweilen ein.

Treten Sie ein. Mit dem Roman von Thomas Mann in der Hand. Mit etwas Fantasie fühlen Sie sich in die Szenerie des Romans hineinversetzt. »Wer liest, der sieht – wer sieht, der liest« lautet das Motto der Dauerausstellung *Die Buddenbrooks – ein Jahrhundertroman.* Ich persönlich halte mich am liebsten im »Speiszimmer mit den Götterfiguren« auf und setze mich in Gedanken an den gedeckten Tisch, gleich neben die schöne Antonia, in die ich unsterblich verliebt bin.

Serviert wird das Menü, das Herr Grünlich, der Schwiegersohn in spe, bei seinem Antrittsbesuch so trefflich fand, dass er sich nicht enthalten konnte, den Dessertlöffel zu heben: »Gott verzeihe mir, ich kann nicht anders; ich habe ein großes Stück genossen, aber dieser Pudding ist gar zu prächtig gelungen; ich muss die gütige Wirtin noch um ein Stückchen ersuchen!«

Man reicht Muschelragout, Juliennesuppe, gebackene Seezunge, Kalbsbraten mit Rahmkartoffeln und Blumenkohl, Maraschino-Pudding und Pumpernickel mit Roquefort.

Artig plaudere ich mit dem »Konsul Buddenbrook«. Da zerreißt Antonia eine gelbe Serviette und hängt mir zwei Streifen über die Ohren: »›Das putzt ganz ungemein‹, hätte Grünlich gesagt. Mit seinen goldgelben Favoris. Ich bin überzeugt, dass er sich mit dem Pulver frisierte, mit dem man die Weihnachtsnüsse vergoldet. Außerdem war er falsch. Er schwänzelte um meine Eltern herum und sprach ihnen in schamloser Weise nach dem Munde …« Verlegen flüchte ich ins Landschaftszimmer.

✍ Kehren Sie anschließend im Ratskeller ein zum stilgerechten Buddenbrook-Menü. Wenn Sie wollen, samt kostümiertem Konsul. Die Menükarte zieren Zitate aus dem Roman, die das Essen begleiten.

AUS LÜBECKS GESCHICHTEN- UND SAGENSCHATZ

Dem Lübecker Polyhistor Ernst Deecke, Lehrer am Katharineum, verdanken wir eine der wichtigsten Sammlungen lübscher Geschichten und Sagen. Seine Veröffentlichung aus dem Jahre 1852 dient noch heute als authentische Vorlage. Hier ein paar Beispiele daraus.

DIE MAUS

Im Jahr 1200 stand ein großer Rosenbaum an der Marienkirche, nach der Mengstraße zu, der seine Zweige bis auf das Dach hinaufgetrieben. Nun war damals viel Streits zwischen den umwohnenden Fürsten und Herren, welche der Stadt Lübeck ihre herrliche Freiheit mißgönnten, und waren in der Stadt selbst viele Bürger, sonderlich unter den Schonenfahrern, die, der ewigen Plackereien der Dänen müde, geneigt waren, sich dem König zu eigen zu geben, um nur ihren Handel zu behalten. Aber Ein Rath wollte nicht einwilligen. Da zogen die benachbarten Fürsten alle gegen die Stadt und bedrängten sie; aber es ging die Sage, sie werde so lange frei bleiben, als der Rosenbaum an der Marienkirche grüne und blühe.

Die Bürger waren also guten Muths und stritten tapfer gegen die Neidischen. Aber da war eines Morgens der Rosenbaum welk und abgestorben, nachdem er noch am Abend zuvor geblüht. Und als man zusah, hatte eine Maus ein Nest an seine Wurzel gelegt, und ihre Jungen hatten die durchgebissen und den Baum wankend gemacht.

Bald darauf mußte sich Lübeck den Dänen ergeben.

Als die Stadt aber wieder kaiserfrei ward, ließ Ein Rath den Rosenbaum sammt der Maus in der Marienkirche hinter dem Chor in Stein hauen, zum Wahrzeichen, daß aus kleinen Uebeln ein großes Unglück über Nacht entsteht.

DIE BEISCHLÄGE AM RATHHAUSE

Montags vor Kreuzerhöhung sind vor dem Rathhause zu Lübeck am Eingange 2 eherne Beischläge gesetzt, wovon das eine mit dem Conterfeit des Kaisers, das andere mit dem wilden Mann gewogen.

Mit denselben hat es vorzeiten folgende Bewandtniß gehabt. Wenn etwa in der Woche Gerichtstag gewesen und Ein Rath der Bürger Sachen gehört, sind die beiden ältesten Burgemeister, der eine auf die eine und der andere auf die andere Bank, gesessen, haben die Bürger in gemeinen Sachen selbst abgehört, und alsbald entschieden. Sind aber wichtige Sachen vorgekommen, die sie nicht entscheiden mögen, so sind beide Burgemeister ins Rathhaus gegangen, und haben den ganzen Rath aus der Kirche holen lassen. Da ist denn von neuem geklagt und in der Sache ferner ergangen, was recht ist.

Auch haben die alten Patrizier es so gehalten, daß, wenn ein Bräutigam unter den Junkern gewesen, er acht Tage vor der Hochzeit in seinem besten Gewand eine Stunde lang an der Beischläge einem stehen müssen. Hatte dann Jemand was auf ihn zu sprechen, ist er von der Stätte abgewiesen und hat auch die Braut nicht bekommen können; bis Niemand ferner auf ihn gesprochen.

DAS KLOSTER ZU S. KATHARINEN

1351 brachen die Mönche zu S. Katharinen ihr Kloster, das sehr baufällig war, ganz ab. Das kam von den Almosen, die sie das Jahr zuvor bekommen: denn die guten Leute aus der Stadt warfen in ihrer Noth volle Beutel mit Geld, daran die Namen ihrer verstorbenen Angehörigen geschrieben standen, über die Mauer des Klosters, damit man Messe für sie lesen sollte. So hatten die Mönche großes Geld gewonnen. Einer, Namens Emeke, baute das Kloster in drei Jahren wieder auf; von dem wird gemuthmaßt, daß er den Stein der Weisen gehabt. Der Stein liegt dort noch verborgen; und von Zeit zu Zeit kommen Leute aus fernen Landen, namentlich Welsche, und sehen an gewissen Zeichen, ob er sicher liegt. Er soll aber in dem Pfeiler stecken, wo der Evangelist Lukas das Bild des Heilandes mahlt; Andere sagen, an der Stelle, wo der Jude sitzt und das Gewölbe trägt. An jenem Pfeiler hat ein Werkmeister einmal nachgegraben, und in den Pfeiler hineingehauen; aber da hat die ganze Kirche gezittert und gebebt, und er hat's aufgeben müssen.

aus: Ernst Deecke, *Lübische Geschichten und Sagen*, Lübeck: Carl Boldemann 1852.

DAS KLEINE RESTAURANT /// AN DER UNTERTRAVE 39 ///
23552 LÜBECK /// 04 51 / 70 59 59 ///
WWW.DASKLEINERESTAURANTLUEBECK.DE ///

Es gibt viele Restaurants in Lübeck, die einen großen Namen haben, aber nicht immer unbedingt das halten, was sie versprechen. Und es gibt Restaurants, die vom Namen her eher bescheidener auftreten, aber erstklassig sind. Dazu gehört *das kleine Restaurant* an der Untertrave. Es liegt etwas abseits von den klassischen Touristenpfaden, und so mancher Lübeckbesucher entdeckt es erst, wenn er die Insel stadtauswärts verlässt. Dabei ist es unbedingt einen Aufenthalt wert.

Es fällt ins Auge durch den schlanken Treppengiebel in rotem Backstein aus dem 16. Jahrhundert und das hohe gotische Portal. Seine Geschichte geht auf das Jahr 1331 zurück, in dem es erstmals urkundlich erwähnt wurde. Zunächst standen drei Buden auf dem Grundstück. Das sind schmale Unterkünfte, deren zwei Stockwerke jeweils nur ein Zimmer aufweisen. 1449 wurde daraus ein Eckhaus. Sehr schmal und recht länglich. Dank des turbulenten hanseatischen Hafens direkt vor der Tür blieb es nicht aus, dass die Besitzer erst eine Brauerei aufmachten und später eine Gastwirtschaft unterhielten.

Diese Tradition hat sich bis heute erhalten. Nur ist es keine Gastwirtschaft mehr. Das elegante Gotikportal lädt ein in ein kleines, aber typisches Lübecker Dielenhaus, geprägt durch uralte Backsteine und mächtige Eichenbalken. Alles ist stilvoll und gepflegt eingerichtet und erinnert eher an eine heimelige Wohnstube als an ein Restaurant. Aber lassen Sie sich nicht täuschen. Die Küche ist alles andere als biedere Hausmannskost. Regionale Spezialitäten wie frischer Fisch aus der Ostsee finden eine ganz selbstverständliche Ergänzung in mediterran inspirierten Rosmarinkartoffeln. Ich empfehle Ihnen das 10-Gänge-Überraschungsmenü. Dabei verrate ich Ihnen nur eins: Ihre Zunge, Ihr Körper, Ihre Seele dürfen sich auf höchste Genüsse freuen. Klingt nach viel, aber wie lautet das Motto des Küchenchefs? »Beschwingte, nicht beschwerende Kompositionen.« Ein Familienbetrieb im besten Sinne. Alles in allem: intim und exquisit.

🖎 Sie sollten unbedingt rechtzeitig vorher einen Tisch reservieren. Es gibt weder spontan freie Plätze noch Doppelbuchungen. Und halten Sie sich den ganzen Abend frei. Es wird gemütlich.

Holstentor und Salzspeicher

gestaltet von
Ingrid M. Schmerl
Lübeck

Sonderedition für AMARO – handgefertigt

ES MUSS NICHT IMMER MARZIPAN SEIN
Amaro

17

Mit der Entdeckung der Neuen Welt und der überseeischen Handelswege begann der Ruhm der Hansestadt Lübeck zu verblassen, da sie sich nur noch auf den Ostseeraum konzentriert hatte. Hamburg hingegen, einst untergeordneter Juniorpartner, riss den lukrativen Überseehandel an sich. Produkte wie Baumwolle, Tabak, Kautschuk, Kakao, Kaffee und Gewürzen verdankten die Hamburger »Pfeffersäcke« ihren Reichtum. Der Kakao fand seinen Weg nach Lübeck vor allem als Genussmittel betuchter Patrizier.

Etwas abseits von den Touristenwegen finden Sie in der Glockengießerstraße einen kleinen Eckladen, der nicht nur wegen seiner Auslagen lockt, sondern aus dessen Tür auch ein verführerischer Duft strömt. An ein paar Straßentischen sitzen Gäste bei einem Eisbecher. Ich selber bevorzuge es, drinnen in dem erfrischend kühlen Raum mit seinen edlen Düften eine Eisschokolade zu genießen. Die herbe mit dem charakteristischen Kakao-Aroma. Begehrliche Blicke schweifen über die Regale voller Pralinen, edlen Bränden und Konfitüren. Man spürt, dass hier handverlesene Sorten verwandt werden. Da wird man sich bewusst, welch traditionsreicher Luxus in diesem kleinen Spezialitätenladen gepflegt wird, der auf der Liste der 100 besten seiner Art in Deutschland zu finden ist. Bereits die frühen Hochkulturen Mexikos kannten die »Xocolatl«, die dort allerdings aus Wasser, Kakao, Vanille und Cayennepfeffer bestand. Sie galt als Arznei, als Zahlungsmittel und als königliche Lieblingsspeise, denn ihr Genuss war nur der adligen Klasse vorbehalten. Mit Kolumbus' Entdeckung der Neuen Welt kam die Kakaobohne nach Europa als sündhaft teures Genussmittel für die Hofgesellschaften.

Heute ist das anders. Selbst die extrem seltene (0,001 Prozent der weltweiten Ernte) und aromareichste Sorte, der Criollo, wird zu angemessenen Preisen angeboten. 25 Gramm von der Domori Porcelana zu 5 Euro, das ist für eine der wertvollsten Schokoladen nicht zu viel verlangt. Ich nehme heute eine Tafel der Sonderedition mit dem Lübeckmotiv mit. Für meine Freunde, statt des üblichen Niederegger-Marzipans.

☞ Das Amaro bietet regelmäßig Veranstaltungen rund um die Schokolade an, wie zum Beispiel *Wein, Portwein und Schokolade*. Nicht nur ein Spitzengenuss, sondern auch lehrreich.

A.O. BALLONREISEN /// 0 41 81 / 3 90 97 /// WWW.BALLONREISEN.DE ///
WWW.LIBERTY-MOVIE-BALLOONING.DE ///

Kennen Sie noch den Werbeslogan für ein Auto: »Nur fliegen ist schöner«? Und was kann schöner sein als fliegen? – Mit einem Heißluftballon fahren. Über Lübeck und Umgebung. Sich bei schönem Wetter gen Sonnenuntergang treiben lassen. Die Probleme da unten werden verschwindend klein, und man genießt nur noch die Ruhe und das erhabene Gefühl des Fliegens. Aber keine Sorge, beim Anblick Lübecks von oben wird kein Platz sein für Höhenangst.

Höhenangst, erklärt unser Ballonführer, entsteht oft deswegen, weil man von einem Gebäude hinunterschaut und eine sogenannte stürzende Linie wahrnimmt, die durch die Perspektivverzerrung entsteht. Wie in der Fotografie. Das Gebäude wirkt von oben nach unten hin gesehen schmaler und kippt nach innen weg, obwohl unser Gehirn sagt, es ist oben wie unten gleich breit. Wenn man von einem Ballon hinunterblickt, fehlt dieser Bezugspunkt. Ein Blick nach unten erregt keine Schwindelgefühle. Psychotherapeuten nutzen diesen Effekt, um ihre Patienten von Höhenängsten zu befreien. Die Angst schlägt um in Euphorie. So schön kann ein Blick von oben sein!

Der Startplatz ist klug ausgewählt. Die Hauptwindrichtung wird Sie langsam über die Altstadt treiben. Zurück bringt Sie ein Begleitauto. Sie müssen rechtzeitig vor Ort sein, denn beim Aufbau des riesigen Ballons braucht der Ballonführer jede helfende Hand. Er erklärt kurz die Technik, und schnell gewinnt man Vertrauen. Man kann sogar eine Dinnerfahrt mit Vier-Gänge-Menü buchen. Wie wär's mit einem Hochzeitsfrühstück hoch über den Dächern von Lübeck? Im Unterschied zu einem Düsenjet brauchen Sie sich um Turbulenzen nicht zu sorgen. Der Ballon treibt ja mit der Luft. Sie haben den Eindruck, es sei windstill. Ballonfahren darf jeder, der sich fit fühlt. Kinder sollten mindestens 1,30 Meter groß (die Brüstungshöhe beträgt etwa 1,20 Meter) und älter als zehn Jahre sein. »Übrigens«, merkt der Ballonführer an, »unser ältester Gast war 95 Jahre alt. Und er hat es sichtlich genossen.«

✐ Lassen Sie sich Ihre Abenteuer auf einer Erlebnis-DVD festhalten. Ihre Ballonfahrt wird zur bleibenden Erinnerung und vielleicht ergibt sich in der kalten Jahreszeit die Möglichkeit, mit Ihren Freunden einen spannenden Videoabend zu gestalten.

IM ZENTRUM DES LÜBECKER LEBENS –
IM HERZEN HANSEATISCHER MACHT

Marktplatz und Rathaus

18

Der Marktplatz ist zweifellos einer der lebhaftesten Orte Lübecks. Man sitzt hier herrlich auf der Sonnenterrasse eines der Cafés und schaut dem bunten Treiben zu. Natürlich dominiert der Tourismus, aber ohne ihn wäre die Hansestadt nur halb so bunt. An Markttagen geht es dann zwar turbulenter, aber regionaler zu. Dann sitzt man nicht auf der Terrasse, sondern steht an einer der Buden für Bockwurst und Bier an. Mit Blick auf die historische Rathauskulisse, auf das Wenige, das den Krieg überstand.

Auf der Spitze des kleinen Hügels, den die Altstadt von Natur aus bildet, steht das Rathaus mit dem berühmten Ratsweinkeller, in dem schon viel Geschichte und so manche Geschichten geschrieben wurden. Riesige Wappen an der Fassade zeugen von der seefahrerischen Tradition der Stadt. Die mittelalterlichen Ratsherren liebten den Schein: Zum Markt hin ließen sie eine hochragende Wand bauen, um die markttreibenden Bürger mit ihrem Reichtum und ihrer Macht zu beeindrucken. Damit die Scheinfassade schweren Stürmen trotzen konnte, wurden Windlöcher in den gotischen Backsteinbau eingefügt. Eine in niederländischer Renaissance gehaltene Prachttreppe zeugt vom Wohlstand des damaligen Hansezentrums.

Auf dem Marktplatz steht eine kleine steinerne Laube, die nur wenige beachten. Viele halten sie für eine feste Marktbude. Im Mittelalter diente sie als Pranger und Finkenbauer. In Letzterem schmiedete man die weniger üblen Missetäter an und stellte sie, ebenso wie die Verbrecher, am Pranger, auch »Kaak« genannt, öffentlich zur Schau. Die Passanten durften sie nach Herzenslust beschmähen und mit faulem Obst bewerfen. Lediglich das Werfen von festen Gegenständen war untersagt. Vielleicht hatte der Fron Angst, die Delinquenten würden das nicht überleben. Überhaupt ging es hier nicht immer so friedlich zu wie heute. Sogar eine öffentliche Hinrichtung fand 1363 statt, als der Bürgermeister Wittenborg kurzerhand wegen angeblicher Feindbegünstigung enthauptet wurde. Eine schlagkräftige Politik seinerzeit.

☞   Kehren Sie auf einen Schoppen im Ratsweinkeller ein, dessen spätromanische Gewölbepfeiler noch vom ersten Bau um 1226 stammen.

WIENER CAFÉHAUS /// BREITE STRASSE 62 /// 04 51 / 2 96 98 95 ///

Die Breite Straße ist eine der wichtigsten Geschäftsstraßen der Innenstadt. Tagsüber bummeln hier Einheimische wie Touristen an den verlockenden Angeboten in den Schaufensterscheiben vorbei. Straßenmusikanten und Naschbuden vervollständigen das Bild einer lebendigen Großstadt, die Altes mit Neuem verbindet. Als schönsten Teil dieser Flaniermeile empfinde ich nördlich vom Rathaus die langgestreckte Front des Kanzleigebäudes. Im Erdgeschoss befindet sich eine Reihe schöner Geschäftsparzellen.

Ich liebe das spätgotische Backsteinhaus mit seinem alten Gerichtssaal und dem ehemaligen Gefängnis, dem »Bullenstall«. Es bildet zusammen mit dem Rathaus und der Marienkirche einen eingeschworenen Dreibund von Recht, Rat und Religion. Wie ein steinerner Sarg thront es auf mächtigen Arkaden, als müsse es vor dem Treiben des niederen Straßenvolkes geschützt werden.

Und das kann man wörtlich nehmen. Als die Polizei dort gegen Ende des 19. Jahrhunderts ihren ständigen Sitz hatte, nannten die Lübecker das Kanzleigebäude scherzhaft den »größten Automaten der Stadt«: Hin und wieder kam es vor, dass Jugendliche mit Steinen oben die Fensterscheiben einwarfen und unten sofort ein Polizist herauskam.

Heute geht es hier friedlicher zu, und die ehrwürdigen Räume sind öffentlich zugänglich. Oben im ehemaligen Gerichtssaal, dort, wo früher Recht gesprochen wurde und dabei sicherlich auch viele Tränen flossen, sitzt man jetzt im Wiener Caféhaus bei Kaffee und Kuchen zu einem Plausch. Der Raum ist den berühmten Literaten der Stadt gewidmet: Emanuel Geibel, den Gebrüdern Mann, Erich Mühsam und Günter Grass. Durch die drei Fenster im nördlichen Renaissancegiebel hat man einen herrlichen Ausblick auf den nördlichen Teil der Breiten Straße.

Aber dieses Gebäude hat auch eine Kehrseite, und manchmal weiß ich nicht, wofür ich mich entscheiden soll, für die geschäftige Vorderseite oder für die ruhige Rückseite. Denn in den mittelalterlichen Arkadengang verirren sich nur wenige Passanten. Dort das Leben, hier ein Ort der Besinnung.

✍ Am schönsten ist das kaiserliche Frühstück im Wiener Caféhaus.

Mitten im Herzen der Altstadt steht ein Haus, das bislang wohl jeden Lübeckbesucher magisch angezogen hat. Ich meine weder das Holstentor noch das Rathaus. Der wirkliche Treffpunkt der Gäste aus aller Welt ist vielmehr das Café Niederegger. Ein Tempel der süßen Verführungen. Unten lockt ein mit Marzipan- und Nougatprodukten reich gedeckter Verkaufstisch. Im ersten Stock trifft man sich im plüschig-gemütlichen Café zu einem Mokka mit Nusstorte und tratscht über Prominente, die am Nachbartisch sitzen.

Lübeck, Marzipan und Rotspon: ein unzertrennlicher Dreibund. Der aus Frankreich in Fässern importierte und in Lübeck ausgereifte Rotwein gehört ebenso wie eine Schachtel Niederegger nicht nur zum Diplomatengepäck der Lübecker Konsule, sondern dient auch als beliebtes Mitbringsel der Touristen. Die meisten glauben, das Marzipan sei eine Lübecker Erfindung. Anlässlich einer Hungersnot in Lübeck 1407 soll ein Bäcker seine Speicher nach Vorräten durchsucht haben. Er fand jedoch nur noch Mandeln und etwas von dem damals kostbaren Zucker. Davon fertigte er eine Mandelspeise, formte diese zu Brotlaiben und verteilte sie am Markustag an die notleidende Bevölkerung. Markusbrot – Marci panis – Marzipan. Aber so nett diese Sage ist, so unwahr ist sie auch. Wahrscheinlich kommt die Speise aus dem Orient und wurde im Mittelalter nach Europa importiert. Anfangs durfte sie nur in Apotheken hergestellt werden und galt bis zum Beginn des 19. Jahrhunderts als teures Heilmittel. Erst mit der Verwertung des Rübenzuckers konnte das Marzipan massenhaft und preisgünstig hergestellt werden.

Das Geheimnis der Marzipandelikatesse liegt in einer genau kontrollierten, aber streng geheimen Rezeptur für die Mischung aus Mandeln, Zucker und einer rosenwasserähnlichen Zutat. Dabei dürfen nur Rohstoffe bester Qualität verwendet werden, wie etwa die aromatischen Mittelmeer-Mandeln. Niederegger ist der einzige Produzent von Premium-Marzipan, der seine Rohmasse selbst herstellt. Eine süße Verführung.

Besuchen Sie das Marzipanmuseum im zweiten Stock. Dort finden Sie viel Wissenswertes über die süße Verführung. Und mit etwas Glück können Sie einer Auszubildenden bei der Arbeit zuschauen, wie sie süße Figuren formt.

ST. MARIEN /// MARIENKIRCHHOF /// 23552 LÜBECK ///
04 51 / 7 73 91 /// WWW.KIRCHE-IN-LUEBECK.DE ///

Schon Johann Sebastian Bach war Lübeck eine Reise wert. Genauer gesagt, die hohe Orgelkunst seines Vorbilds, des greisen Buxtehude, Organist der Marienkirche. Weil es seinerzeit noch keine CDs gab, musste sich der Zwanzigjährige aus dem thüringischen Arnstadt über 300 Kilometer vor Ort begeben. Und, so will es die Anekdote, hätte er dessen Stelle übernehmen wollen, wäre die Heirat von Buxtehudes Tochter Pflicht gewesen. Angeblich war sie ihm nicht attraktiv genug, sodass er nach über vier Monaten zurückkehrte. Pech für Lübeck.

Kommen Sie mit in das höchste Backsteingewölbe der Welt! Vormittags, wenn noch nicht viele Menschen unterwegs sind, ist sie ein Ort der Besinnung. Setzen Sie sich am besten in die Mitte des prächtigen Mittelschiffs. Die Sonnenstrahlen, die durch die hohen Fenster des südlichen Altarraums dringen, verwandeln die Luft in einen heiligen Äther und zeichnen bunte Bilder auf den Steinboden. Ein Dialog von Himmel und Erde. Wenn Sie Glück haben, sitzt der Marienorganist – heute wieder wie Bach ein Sachse – oben im Schwalbennest seiner Großen Orgel und spielt eine Fuge. Auch das ist ein Zwiegespräch zwischen Himmel und Erde. Schließen Sie die Augen und versetzen Sie sich in die Lage des jungen Bach. – Keine Angst, der Brauch, die Tochter des Organisten zu heiraten, wurde längst abgeschafft. Genießen Sie den Frieden, mit dem die Musik das erhabene Kirchenschiff füllt. Es dauert Minuten, bis der Schlussakkord der Fuge verhallt ist. Anschließend dürfen Sie die Augen wieder öffnen. Linker Hand finden Sie die berühmte Astronomische Uhr, die Sie die Unendlichkeit der Zeit spüren lässt. Bevor Sie die Kirche verlassen, sollten Sie einen Rundgang durch den Altarraum machen. Mit etwas Aufmerksamkeit werden Sie dort eine kleine Maus in einem Relief entdecken. Geschwärzt von den unzähligen Besucherhänden. Es soll Glück bringen, wenn man sie zärtlich streichelt. Draußen dürfen Sie dann dem Teufel die Zunge zeigen. Er sitzt gleich links neben dem Ausgang. In Bronze. Gott sei Dank, denn so kann er sich nicht wehren.

✍ Melden Sie sich zu einer Führung durch das Dachgewölbe an! Ein spannendes Abenteuer, nicht nur für Kinder.

WIE DIE LÜBECKER
DEN TEUFEL ÜBERLISTETEN

Der Teufel neben St. Marien

Wenn Sie weinselig aus dem Ratskeller kommen und die wenigen Schritte hinüber zur Marienkirche laufen, dürfen Sie sich nicht wundern, wenn Ihnen auf einem Stein gleich rechts neben der Kirchentür der Teufel entgegenlacht. Setzen Sie sich ruhig neben ihn. Wenn Sie ihn allerdings doppelt sehen, sind Sie ihm bereits verfallen. Die Geschichte vom Teufel hat etwas mit seinen Verlockungen zu tun.

Als man 1251 anfing, die Marienkirche zu bauen, so lautet die Legende, hätte der Teufel tatkräftig mit Hand angelegt, weil er meinte, dort würde ein Weinhaus errichtet. In derlei Orten fühlt er sich bekanntlich wohl, weil trunkene Menschen gerne ihre Seelen verkaufen. Als er jedoch merkte, dass es ein Gotteshaus wurde, soll er gedroht haben, es mit einem riesigen Stein zu zerschmettern. Ein gewitzter Maurer überzeugte ihn, er würde sich blamieren, wenn rauskäme, dass er beim Bau geholfen habe. Der Mann schlug vor, unmittelbar neben der Kirche ein Weinhaus zu errichten, wenn der Teufel von der Zerstörung der Kirche absehe. Also ward der Handel abgeschlossen. Den Stein warf der Teufel neben die Eingangstür, und im Rathauskeller entstand eine Weinstube. So war beiden Seiten Genüge getan. Seit 1999 sitzt er in Bronze leibhaftig auf dem Stein, bei dem es sich wahrscheinlich eines Risses wegen um einen minderwertigen Türsturz handelt, der achtlos liegengeblieben war. Theodor Storm fasste die Legende in ein Gedicht. Dort heißt es am Schluss:

Dann ist dem Teufel zu Willen
Der Ratsweinkeller erbaut,
Wie man ihn noch heut' zu Tage
Dicht neben der Kirche schaut.

So stehen Kirch' und Keller
In traulichem Verein;
Die frommen Herrn zu Lübeck,
Die gehen aus und ein.

Sie beten wohl da droben,
Da drunten trinken sie,
Und für des Himmels Gaben
Da droben danken sie.

Und trinken sie da drunten,
Sie denken wohl dabei:
Dem selbst der Teufel dienet,
Wer fröhlich, fromm und frei.

DIE MARIENKIRCHE
IM ROMAN SCHATTENGOLD

»Lass die Finger davon!«

Der Küster, den kaum einer wirklich kannte, hatte heute noch schlechtere Laune als üblich. Das kleine Mädchen mit den auffällig neugierigen Mandelaugen, das die überdimensionale Astronomische Uhr in der Marienkirche einmal von ganz nahe anschauen wollte, wich erschrocken zurück. Seine Eltern blickten den Mann verständnislos an. Schließlich war doch Tag der offenen Tür.

»Nun übertreiben Sie mal nicht! Die Kleine wollte doch nur ...«

»Das kennen wir: Alle wollen doch nur mal ... Und ich hab dann das Nachsehen. Mache ohnehin Überstunden, und dann muss ich am Ende auch noch alles wieder hinbiegen, was die Gören kaputt gemacht haben.«

Die Eltern hatten keine Lust, sich mit dem schrulligen Alten zu streiten, nahmen das Mädchen an die Hand und verschwanden wortlos. Der Küster brummelte noch eine Weile halblaut vor sich hin, trat dann aus dem Halbschatten heraus und blickte missmutig um sich.

Endlich begann sich der Besucherstrom zu lichten. Der Aushilfsorganist, der oben auf der Totentanzorgel gelangweilt zum x-ten Male die d-Moll Toccata abspulte, hörte mitten im Stück einfach auf und klappte geräuschvoll den Orgeltisch zu. Für eine geistreiche Kadenz fehlte ihm heute der Sinn. Und ausgerechnet der verminderte Septakkord hallte in dem riesigen Kirchenschiff minutenlang wie eine Feuerwehrsirene nach. Das allgemeine Gemurmel und Getrampel ebbte langsam ab. Irgendwo klingelte ein Handy. In der hohen Kirchenhalle hörte sich die billige Plastikmelodie an wie das Donnern der Trompeten von Jericho.

»Kein Respekt mehr heutzutage!«, schnaufte der Küster wütend. Eine junge Frau, die zufällig vorbeikam, bezog den Tadel auf sich, errötete und knöpfte, sich ihrer mangelnden Demut schämend, flink die durchaus gewagte Bluse bis zum obersten Knopf zu. Schnell machte sie eine knappe Verbeugung in Richtung Mutter Maria und bekreuzigte sich eilfertig. Damit wollte sie sichergehen, dass ihr die Absolution auch für ihre zukünftigen Sünden erteilt würde.

Nachdem auch diese lästige Besucherin verschwunden war, nahm sich der Küster Zeit, die Astronomische Uhr in Ruhe zu mustern. Es handelte sich nicht um eine herkömmliche Uhr, wie beispielsweise seine billige Taschenuhr, die nur die momentane Zeit wiedergab. Die in dem schlichten Holzrahmen untergebrachten Kalenderscheiben informierten den Betrachter über Gegenwart und Vergangenheit und reichten sogar weit in die Zukunft hinein. Sie zeigten Tag, Monat, Sonnen- und Mondstand, die Tierkreiszeichen, das Osterdatum und die Goldene Zahl an.

Von jeher bewegten sich zu jeder vollen Stunde Figuren zum Glockenspiel. Ursprünglich stand Jesus in der Mitte, umrahmt von den zwölf Aposteln. Aus zwei seitlichen Türen erschienen Rotröcke, die mit einer Fiedel aufspielten. Die Apostel fingen daraufhin an zu tanzen, ohne dem Herrn die nötige Reverenz zu erweisen.

Einer Sage nach soll eines Tages der Blitz in die Kirche eingeschlagen sein, weil der Fiedeltanz angeblich ein ›heidnisch Wesen‹ sei. Man ersetzte die zwölf Heiligen durch die sieben Kurfürsten und einen Schatzmeister, die sich allesamt vor dem Herrn verbeugten, außer dem Letzteren, der nur seinen Mammon verehrte. Statt der Fiedler erschienen Engel mit Posaunen. Nach einem erneuten Umbau grüßen nun Nachbildungen von Menschen unterschiedlicher christlicher Völker die Besucher der Lübecker Hauptkirche.

Der Küster liebte das feinmechanische Wunderwerk, denn das sogenannte Planetarium ermöglichte ihm, der den überwiegenden Teil seines Lebens im Schatten dunkler Kirchenmauern verlebte, einen Blick in die Weite der Zeit zu werfen. Die Nachahmung des Laufes der Gestirne ließ ihn beim Betrachten für ein

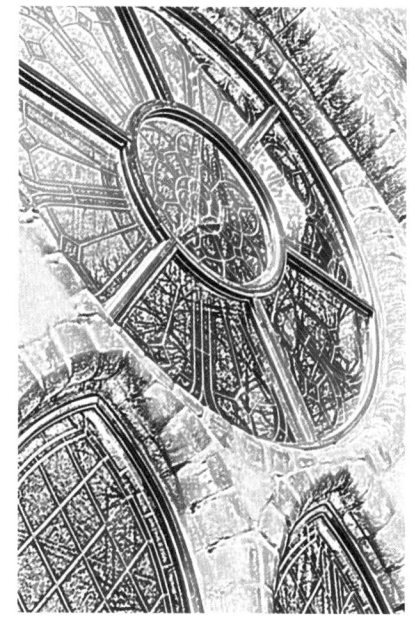

paar Augenblicke alles Irdische vergessen. Das unüberhörbare Ticken des überdimensionalen und komplizierten Räderwerks mahnte ihn, dass alle Menschen, also auch ein Küster, den kaum einer wirklich kannte, unter dem göttlichen Gesetz der Zeit lebten.

Nicht durch Zufall wurde die Astronomische Uhr neben den Totentanzfenstern aufgestellt. Ein Lübecker Bischof behauptete einmal: »Zeit und Tod gehören zusammen.«

aus: Dieter Bührig, *Schattengold*, Meßkirch: Gmeiner 2010.

ST. PETRI ZU LÜBECK /// AM PETRIKIRCHHOF 1 /// 23552 LÜBECK ///
04 51 / 3 97 73 20 /// WWW.ST-PETRI-LUEBECK.DE ///

Zu Hunderten pilgern die Touristen täglich vom Holstentor hoch zum Rathausmarkt. Nur wenige wagen den Abstecher zur Petrikirche. Dabei lohnt es sich. Das ehemalige Gotteshaus aus dem 12. Jahrhundert bietet nicht nur eine der schönsten Aussichten auf die Altstadt, sondern ist auch Ort der Besinnung, ein Platz für Konzerte, religiöse Veranstaltungen und Kunstausstellungen. Oben die Ausblicke, unten, im Herzen der Kirche, die »Visionen«.

Ein Fahrstuhl bringt Sie bequem zur 50 Meter hohen Aussichtsplattform. Von dort haben Sie einen herrlichen Rundblick nicht nur über die Altstadt mit dem Holstentor, den Gängen, dem Rathaus und dem Dom. Der rege Hafenbetrieb zieht Ihre Aufmerksamkeit ebenso auf sich wie das Treiben in den Geschäftsstraßen. Bei gutem Wetter sehen Sie im Nordosten das Maritim-Hochhaus in Travemünde, im Osten ahnt man die sanfte Wiesenlandschaft von Mecklenburg-Vorpommern bis hin nach Wismar und südlich die hügelige Landschaft bei Ratzeburg. Nordwestlich winken Eutin und die Ostholsteinische Schweiz. Lübeck und Umgebung auf einen Blick. Eine gute Möglichkeit, sich zu orientieren.

Unten, im Ehrfurcht erweckenden gotischen Kirchenschiff, können Sie wechselnde Ausstellungen zeitgenössischer Künstler bewundern. Ein Erlebnis der besonderen Art sind die *Petrivisionen*, die jeden ersten Samstag im Monat bei freiem Eintritt zu später Stunde um 23 Uhr stattfinden. »Die alten Zeugnisse der Religion und der kritische Geist der Gegenwart: Das ist nicht unbedingt ein Widerspruch«, lautet das Motto. Eine beeindruckende Lichtinstallation, alte und neue Musik, Lyrik, Tanz und szenische Spiele bestimmen die Gestaltung. Drei kurze Impulse, religiöse Reden im besten Sinne verbinden alte Motive und neue Fragen. Stimmen aus allen Bereichen des kulturellen und gesellschaftlichen Lebens kommen zu Wort. Nach einer intensiven Stunde bleibt noch Zeit zum Verweilen, zum angeregten Gespräch bei Brot und Wein.

☞ Nach dem Kulturgenuss können Sie sich in dem gotischen Gewölbe des Petri-Cafés bei einer Tasse Cappuccino regenerieren.

THEATERFIGURENMUSEUM LÜBECK /// KOLK 14 /// 23552 LÜBECK /// 04 51 / 7 86 26 /// WWW.TFM-LUEBECK.COM ///

LASSEN SIE MAL DIE PUPPEN TANZEN
Theaterfigurenmuseum

24

Direkt unterhalb der Petrikirche finden Sie eine Gasse, in der die Back-steingotik ihren Charme bis heute fast vollständig erhalten hat. In ei-nem der Häuser befindet sich etwas weltweit nahezu Einzigartiges: ein Marionettentheater. Gegenüber beherbergt ein Museum eine faszinie-rende Sammlung von rund 1.000 Theaterfiguren aus aller Welt. Mari-onetten, Schattenspielfiguren, Fingerpuppen, Bauchrednerpuppen und vieles mehr. Und alle hatten letztlich nur einen Sinn: den Mitmenschen einen Spiegel vorzuhalten.

Von den vielen Entstehungsgeschichten des Figurentheaters ist eine Legende aus dem alten China die schönste: Als einst die Gattin eines Kai-sers verstarb, war dieser so betrübt, dass ihn nichts trösten konnte. Eines Tages kam ein Wanderspieler an den Hof, spannte, als es dunkel wurde, einen Vorhang auf und hängte eine Lampe dahinter. Zwischen Lampe und Stoff hielt er eine Frauenfigur, die einen Schatten auf die Leinwand pro-jizierte. Der Kaiser hielt ihn für den seiner Frau und begann, mit ihm zu scherzen. Doch eines Abends blickte er hinter den Vorhang und sah, was sich dahinter verbarg. Die einen behaupten, er hätte den Spieler köpfen lassen, weil der ihn hintergangen habe. Die anderen meinen, der Kaiser hätte ihn mit Gold überhäuft, damit er weiterhin für ihn spiele und andere seine Kunst lehre. – Für welche Version können Sie sich erwärmen?

Der treibende Motor der Sammlung, Fritz Fey jun., möchte die Figuren nicht nur als wertvolle Kulturgüter verstanden wissen. »Sie sind auch ein Mittel der Völkerverständigung«, sagt der Mann mit den vielen Visionen.

Ein Besuch in dem 400 Jahre alten Kaufmannshaus lohnt sich. Für Jung und Alt. Denn das Marionettenspiel hat nichts mit dem Alter zu tun. Die Kleinen werden sich für Punch, eine Handpuppe aus England, oder für die Guignol-Handpuppenbühne aus Frankreich begeistern. Die Großen werden einen *Kakautzky* bewundern. Das sind puppen-ähnliche Kleider, in die der Spieler seinen eigenen Kopf hineinsteckt und so mit seinem Mienenspiel für Aufsehen sorgt.

✐ Nach dem Rundgang können Sie sich zwischen sizilianischen Schlenkerpuppen bei Tee und Kuchen entspannen. Keine Angst: Der säbelrasselnde Krieger an der Wand, das älteste Stück der Sammlung, ist harmlos!

EIN MEDITERRANES PARADIES DER GAUMENFREUDE MITTEN IN DER ALTSTADT
Café Calma

25

Calma – Ruhe soll dem Vorübereilenden geboten werden. »Ein Plätzchen, um die Seele baumeln zu lassen«, lautet das Motto für die Familie Stein, die 1996 das kleine Altstadthäuschen in der Hüxstraße durch liebevolle Handarbeit in eine mediterran anmutende Oase verwandelte. Warme Erd- und Terrakottatöne, viel naturbelassener Backstein, Gesammeltes und von der Hausherrin immer wieder neu Arrangiertes lassen den Gast den Alltag draußen vergessen. Dabei sitzt er in gemütlichen Korbsesseln an handbemalten Tischen und trinkt seinen freundlich servierten Latte und tut sich an selbstgebackenem Kuchen oder vielleicht einer Kreation aus der Küche gütlich.

Ob im lichtdurchfluteten Wintergarten, im lauschigen Innenhof oder im kleinen Separee – jeder wird hier seine neue Lieblingsecke finden. Auch in der Küche lassen sich die mediterranen Vorlieben der Tochter Petra nicht verleugnen. Unbekümmert und keiner Trendküche zuzuordnen schlendert sie auf einem kulinarischen Weg durch die gesamte Mittelmeerküche. Abstecher nach Indien, Indonesien, in die Karibik, an den West Coast oder nach Südamerika beleben den Küchen- und Gaumenalltag.

Kochen ist für sie immer ein kreativer Akt, und kein Teller verlässt ihre Küche ohne eine liebevolle Dekoration mit Selbstgepflücktem aus dem eigenen Kräutergarten.

Eine große Auswahl an Frühstücksvariationen, über täglich wechselnden Mittagstisch, Salatkreationen bis hin zu verschiedenen Fleisch- und Fischspezialitäten aus (fast) aller Welt überraschen und erfreuen so manchen hungrigen Gast. Petras Lieblingsspeise: Salat Besançon – Gebratene Entenbrustscheiben im Teriyaki-Fond und gratinierter Mozzarella-Pfirsich mit Himbeer-Balsamico-Vinaigrette.

Auch für Familienfeiern und geschlossene Gesellschaften bietet dieser Ort einen ganz besonderen Rahmen, inklusive diverser Buffet- und Menüvorschläge jenseits der üblichen Norm. Einem generationsgemischten Publikum wird hier ein klein wenig das geboten, was andernorts oftmals vermisst wird: ein Plätzchen, um die Seele baumeln zu lassen.

✎ Zwischen 9 und 12 Uhr (sonntags bis 13 Uhr) erwartet Sie ein fulminantes Frühstück in 7 Variationen. Mit bodenloser Kaffeetasse. ›So viel Sie mögen‹, heißt es in der Speisekarte.

RISTORANTE ROBERTO ROSSI /// IM SCHABBELHAUS ///
MENGSTRASSE 48 – 52 /// 23552 LÜBECK ///
04 51 / 7 20 11 /// WWW.SCHABBELHAUS.DE ///

EIN LÜBISCHES KAUFMANNSHAUS MIT ITALIENISCHEM FLAIR

Schabbelhaus

26

Wenn man die Mengstraße hinunter zur Trave schlendert, fällt rechter Hand ein prachtvolles Patrizierhaus auf. Der geschweifte Fassadengiebel stammt aus dem Barock, das Sandsteinportal weist auf die Renaissance, und die geschnitzte Eingangstüre enthält ein für das Rokoko typisches Oberlicht. Auf dem Nasenschild mit dem Reiter im Rebenkranz steht »Schabbelhaus«. Drinnen hat ein Italiener sein Domizil. Ein italienisches Feinschmeckerlokal in hanseatischem Backsteinambiente: Verträgt sich das?

Und ob! Schon immer schmückten sich die wohlhabenden Lübecker Kaufleute gerne mit Luxusartikeln aus der Fremde. Man ließ Maler, Dekorateure und Stuckateure aus Italien kommen, um seinem Heim den Touch von Weltoffenheit zu geben. Außerdem liebte man die raffinierte Bereicherung der deutschen Küche mit dem Hauch von Cucina italiana. Die Buddenbrooks sind ein literarisches Paradebeispiel dafür. Warum also nicht »Lammrücken im Ofen gebraten«, mit italienischer Leichtigkeit serviert, probieren?

Das Haus geht auf die Stiftung des Heinrich Schabbel zurück, eines zu Reichtum gelangten Bäckermeisters. Er wollte der Nachwelt ein Bild davon vermitteln, wie wohlhabende Kaufleute im wilhelminischen Zeitalter lebten. Daher die äußere und innere Ausstattung. Aber er legte auch fest, dass das Haus nicht nur museal, sondern auch gastronomisch genutzt werden sollte. Deshalb sitzt man heute in einer typischen Lübecker Hausdiele und genießt italo-lübisches Essen. Den Buddenbrooks wäre das allerdings fremd gewesen, dinierte man hier doch im Speisesaal im ersten Stock. Aber das tut dem heutigen Essensgenuss keinen Abbruch. Der Gast ahnt auch nicht, dass er sozusagen in einem Nachbau des Schabbelhauses sitzt: Vor dem Krieg befand es sich etwas hügelaufwärts. Das neue Schabbelhaus bietet ein traumhaftes Ambiente, um sich in die Welt der Buddenbrooks zurückzuversetzen. Und es lohnt sich. Immerhin erwähnt der Gault Millau das Schabbelhaus sehr positiv.

✆ Besuchen Sie anschließend das St. Annen-Museum. Die dortige Barock-Diele eines Patrizierhauses aus dem 17. Jahrhundert vermittelt Ihnen ein originalgetreues Bild vom lübischen Wohnstil.

Von außen kann das weiß verputze Haus in der Alfstraße gegenüber den historischen Backsteinbauten nebenan nicht unbedingt mithalten. Aber innen, im Erdgeschoss und im Keller, hat es Einzigartiges zu bieten. Der Brauberger ist die einzige Handwerk-Werksbrauerei Lübecks. Immerhin gab es um 1450 rund 180 Brauereien in der Stadt. Ein Beweis gepflegter hanseatischer Biertradition. Heute kann man das Zwickelbier in dem wohl ältesten, völlig erhalten gebliebenen Kellergewölbe aus dem Jahre 1225 genießen, dort, wo früher die Bierfässer lagerten.

Die Kunst des Bierbrauens kann in Lübeck auf eine lange Tradition zurückblicken. Die ersten Brauhäuser werden um 1400 erwähnt. Dabei war das Braurecht nicht an die Besitzer, sondern an die Häuser gebunden. Sie durften nur mit Zustimmung des Stadtrats und der Nachbarn errichtet werden. Jeder Betrieb benötigte pro Woche bis zu 5.000 Liter sauberen Wassers. Die Stadt ließ um 1500 die Wakenitz aufstauen und errichtete eine Wasserkunst, die das kostbare Nass über unterirdische Kanäle zu den Brauereien leitete. Man exportierte in den Ostseeraum, nach England, Holland, Flandern und sogar Ostindien. Im Zuge der Mechanisierung und Industrialisierung schrumpfte das Gewerbe zu wenigen Großbrauereien zusammen. Die letzte große wurde 1988 geschlossen, ein Jahr später öffnete der Brauberger. Seine Spezialität ist das Brauen von Zwickelbier, so, wie es im Mittelalter hergestellt wurde. Es wird direkt nach dem Gärungsprozess angeboten. Der Name kommt vom Zwickelhahn, mit dem der Braumeister eine erste Probe nimmt. Hier ist alles Handarbeit. Das Bier wird in Holzfässern gelagert und täglich frisch angezapft. Man kann dem Braumeister über die Schulter schauen. Was er produziert, ist ungefiltertes, naturtrübes Bier mit relativ niedrigem Kohlensäuregehalt und muss wegen seiner geringen Haltbarkeit frisch getrunken werden. Und es ist gesund. – Dann mal Prost!

✍ Das Brauberger-6-Gänge-Menü: Brot mit Schmalz und grobem Salz, Suppe vom Erdapfel fein angemacht, Streifen von edlem Fisch gehäufelt, krustiger Braten vom Schwein mit Kraut und warmer Salat von Erdapfel und Speck, Lübische Beerengrütz, ganz rot mit Sahne, Scheiterhaufen von Käs und Trauben. Dazu ein Schnaps und frisches Zwickelbier aus dem 1,5 Liter Pitcher so viel man mag. Dauer: drei Stunden.

Lübeck mit dem Auto zu erkunden ist aufgrund der Verkehrsführung unmöglich. Wer die Stadt zu Fuß umrunden will, braucht eine gewisse Ausdauer. Ich ziehe es vor, gemütlich in einer Barkasse zu sitzen, die Altstadtkulisse an mir vorüberziehen zu lassen und in Ruhe die schönen Motive zu fotografieren, die sich mir allenthalben bieten. Ich umrunde ganz Lübeck, denn seit dem Durchstich der nördlichen Landenge im Jahre 1900 ist die Hansestadt eine Insel.

Die Hafenrundfahrt beginnt beim Holstentor. »Hafen« deswegen, weil sich entlang der Trave, der Wakenitz und dem Elbe-Lübeck-Kanal kleine Häfen aneinanderreihen. Der Haupthafen zur Hansezeit lag oberhalb der Holstenbrücke. Heute beheimatet er die sehenswerten Traditionssegler. An der Untertrave grüßen die gotischen Backsteinmauern der ehemaligen Speicher. Gegenüber, vor der Musik- und Kongresshalle, liegt das Feuerschiff Fehmarnbelt vor Anker, das erst 1984 außer Dienst gestellt wurde. Es folgt der Museumshafen mit den alten Lastenseglern. Beim Passieren der denkmalgeschützten Drehbrücke müssen wir die Köpfe einziehen. Danach backbord die Kulisse der Media Docks. Die einstigen Warenspeicher sind heute ein Treffpunkt von Wirtschaft und Wissenschaft. Gegenüber finden wir wieder alte Speicher, darunter den, der einst der Familie Mann gehörte, heute ein Auktionshaus. Immer wieder gelingen kleine Einblicke in das nördliche Gängeviertel. Dann öffnet sich das Fahrwasser hin zum Wallhafen, der noch heute als Umschlagplatz angelaufen wird. Wir passieren bei einer Hubbrücke das Burgtor und gelangen in den Klughafen, einem Teil des Elbe-Lübeck-Kanals. Hinter der Hüxtertorbrücke erreichen wir mit der Lachswehr den grünen Gürtel Lübecks. Jetzt geht's wieder gen Norden, vorbei am idyllischen Malerwinkel mit den Ganghäusern und der Musikhochschule. Kurz vor der Holstenbrücke bewundern wir die alten Salzspeicher, in denen heute ein Modehaus sein Geschäft betreibt. Ein herrlicher einstündiger Ausflug in das alte und neue Lübeck liegt hinter uns.

☞ Mit dem Kombiticket können Sie die Hafenrundfahrt durch eine 45-minütige Stadtrundfahrt mit dem Open-Air-Bus erweitern.

MUSEUM HOLSTENTOR /// HOLSTENTORPLATZ /// 23552 LÜBECK ///
04 51 / 1 22 41 29 /// WWW.DIE-LUEBECKER-MUSEEN.DE ///

KINDER AUF ENTDECKUNGSTOUR
(AUCH FÜR JUNGGEBLIEBENE ELTERN GEEIGNET)

Holstentor

29

Zugegeben: Die Löwen stehen erst seit 1949 vor dem Tor. Die Inschriften wurden 1871 angebracht, das Tor nicht 1477, sondern 1478 fertig und erfüllte nie den Zweck eines Wehrtors. Es war von Anfang an als Symbol der Stadtfreiheit gedacht. Aber alles andere ist echt. Das Holstentor zierte den 50-DM-Schein. Der Pop-Art-Künstler Andy Warhol verewigte es und wurde 1980 im Rathaus in allen Ehren empfangen. Aber wie erscheint es in Kinderaugen? Meine Tochter behauptet, ein Prinz habe sie durch das Museum geleitet.

Er führt mich durch eine schmale Pforte eine steile Wendeltreppe hinauf. Sie mündet in ein rundes Turmgemach. In der Mitte steht ein großes Holzmodell der Stadt im 17. Jahrhundert. Ich steige auf die Bank, die um das Modell führt. Von hier aus sehe ich die Stadt, als wäre ich ein Vogel. Die Menschen eilen durch die Gassen. Pferdegespanne wühlen sich durch die schlammigen Wege. Am Hafen herrscht reges Treiben. Die Koggen müssen entladen werden, bevor die Ware schlecht wird. Auf den Wallanlagen patrouillieren Zinnsoldaten. Da, dort oben neben dem Burgtor, das muss unser Haus sein. Wie gemütlich es aussieht! – Mama und Papa sitzen drinnen vor dem Kamin. Sie ahnen nicht, dass ich sie von hier oben beobachte. Als wäre ich ihr Engel.

Der Prinz zeigt mir einen anderen Raum, in dem ein großes Schiffsmodell, eine Kogge, von der Decke herabhängt. Es ist beladen mit Gewürzen, Wein und Tuchballen und stampft unter vollen Segeln gegen die tobende See. Gischtspritzer fliegen mir ins Gesicht. Aus der Nische des Raumes nähert sich ein Piratenschiff. Trotz des heftigen Kanonenbeschusses gelingt es ihm, sich mit in Teer getränkten Tauen an der Kogge festzumachen. Da kommt von Luv ein Fredeschiff der bedrängten Kogge zu Hilfe. Die Seeräuber müssen unverrichteter Dinge wieder abziehen. Weiter geht der Rundgang. In vielen Nischen stehen Geschützrohre. Finster dreinschauende Kanoniere geistern im Fackellicht um ihre Kanonen herum. Gott sei Dank gibt der Prinz den Befehl, nicht zu schießen.

✆   Auf der Internetseite www.holstentor.info finden Sie eine kindgerechte Animation über die Geschichte der Stadt und sein Holstentor.

EINE ZEITREISE INS MITTELALTERLICHE STADTLEBEN

Der Zeitläufer in Mönchsgestalt trat auf die Straße. Der Hausdiener, der gelangweilt im Flur den Dreck aufkehrte, wunderte sich.

»Wo kommt der denn her? Ich dachte, der Herr wollte heute keinen Besuch empfangen, weil er unpässlich sei.«

Aber was kümmerten ihn andere Menschen, er hatte mit seiner eigenen Arbeit genug zu schaffen. Der Mönch mischte sich unter die Menge. Es roch nach Mist und abgestandenem Dünnbier. Gut, dass er die Trippen anhatte. Er musste durch Unrat und Stalldung waten, in dem sich ein paar Hühner und Schweine tummelten. Eine Rotte Kinder vergnügte sich damit, ihnen nachzujagen und sie mit dem Lärm ihrer selbst gebastelten Brummer und Schnurrer zu erschrecken.

Unterschiedlich gekleidete Menschen eilten, den schlimmsten Schlammpfützen geschickt ausweichend, durch die engen Gassen. Einige trugen ein ähnliches Gewand wie der Zeitläufer. Die Frauen hielten schützend ihre langen Umhänge zusammen, damit die wertvollen Unterkleider nicht schmutzig wurden. Verheiratete erkannte man an der Haube, Adelige am Schleier. Mägde durften sich öffentlich nicht mit weiten, modischen Ärmeln oder mit Pelzen sehen lassen.

Hin und wieder begegnete man Krüppeln und Bettlern, die, ebenso wie die Franziskanermönche in ihren grauen Kutten, um Almosen baten.

Der Zeitläufer passierte die Lateinschule. Der Rat hatte sie kürzlich mit verglasten Fenstern versehen lassen, und sie besaß sogar den Luxus eines Kachelofens, damit es den Patrizierkindern nicht fröstelte. Trotz der geschlossenen Fenster drang ein herzzerreißendes Schreien nach draußen. Ein aufsässiger oder lernunwilliger Schüler wurde von seinem Lehrer mit einem Pritschholz gemaßregelt. Dabei hatte die Kommission der Schulvisitatoren jüngst vor einer allzu tyrannischen Prügelstrafe gewarnt. Die Lehrer mögen sich schließlich als Erzieher, nicht als Knochenhauer betätigen!

Unten am Hafen herrschte reges Treiben. Kleinere Schiffe wie Schniggen und Schuten lagen direkt an dem schmalen Anlegesteg vor der Hafenmauer. Die größeren Koggen konnten nur in der Flussmitte festmachen und wurden mit Hilfe von floßähnlichen Prähmen be- und entladen.

Ein paar Schiffsleute bereiteten sich am Ufer ein Feuerchen, um sich eine karge warme Mahlzeit zuzubereiten. An Bord durften sie das wegen der Feuergefahr nicht.

Am Hafentor stand ein mächtiger, hölzerner Drehkran, der für die

Bergung der schweren Fässer zuständig war. Alle anderen Lasten wie Stoffballen, Stockfischbündel oder Holzkisten mussten auf den Schultern geschleppt oder mit Hilfe von Karren oder Rollbrettern geschoben werden. Die Waren hatten unterschiedliche Ziele. Das meiste verschwand in den Speicherräumen oder den Kellern der Handelskontore. Der Zeitläufer interessierte sich nur für die Ladung eines Fernseglers. Eine Handvoll Söldner bewachte sie streng, denn in den Kisten befanden sich Gewürze, Mineralien und Schmuckgegenstände fremder Völker. Den Schiffspapieren zufolge sollte eine Kiste wertvolle Goldfiguren aus einer alten Hochkultur in Ostafrika enthalten. Zwei Burschen schulterten eine der mit einem Eisenschloss versperrten Eichenholzkisten und trabten langsam in Begleitung dreier bewaffneter Söldner und des Goldschmieds bergauf Richtung Stadtmitte.

Die Wächter nahmen keine Rücksicht auf die Passanten. Brutal knüppelten sie sich den Weg frei. Hin und wieder rutschten die Träger aus, fluchten über den schlechten Zustand der Straßen und hievten die schwere Kiste erneut auf die Schultern.

Es ging vorbei an den vornehmen Patrizierhäusern, quer über den Marktplatz, an der Marienkirche entlang und ein Stück weiter auf der Ostseite des Hügels abwärts, hinein in die schmale Goldschmiedegasse. Hier, linker Hand vor einem der vornehmeren Handwerkerhäuser, hielt der Tross. Der Goldschmied sperrte seine Haustür auf und wies den Trägern den Weg. Die Söldner bewachten derweil den Eingang.

Der Mönch trat näher, bekreuzigte sich, spulte ein lateinisch klingendes Gebet ab und bettelte, obwohl er gar nicht wie ein Franziskaner gekleidet war, den Hausherrn um ein Almosen an. Als frommer Bürger konnte der ihn nicht zurückweisen und lud ihn zu einem Stück Brot und einem Krug Bier in die Küche ein.

Während der Mönch dort von der Hausmagd bedient wurde, konnte er durch die Butzenscheiben der Küche sehen, wie die Träger die Kiste auf den schmalen rechteckigen Hof schleppten und ihre Last vor einer Kellerluke abstellten. Dann bekam jeder ein paar Münzen in die Hand gedrückt und wurde vom Hausherrn entlassen.

Nun hatte es auch der Mönch eilig. Er bedankte sich mit einem letzten Gebetsspruch und wünschte dem Hausherrn weiterhin ein blühendes Geschäft. Zielstrebig eilte er zurück zu dem Haus, aus dem er vor knapp einer Stunde herausgetreten war.

aus: Dieter Bührig, *Schattengold*, Meßkirch: Gmeiner 2010.

BISTRO

MIERA /// HÜXSTRASSE 57 /// 23552 LÜBECK /// 04 51 / 7 72 12 ///
WWW.MIERA-LUEBECK.DE ///

MIERA MARE MEERESKÜCHE /// SCHIFFBRÜCKE 15 ///
23730 NEUSTADT/HOLSTEIN /// 0 45 61 / 5 26 88 15 ///

EIN LUKULLISCHES ENSEMBLE DER GEHOBENEN ESSKULTUR

Miera

30

Die Hüxstraße ist eine der wichtigsten Einkaufsmeilen Lübecks. Eine Vielzahl individueller, kleiner Geschäfte lockt mit einem abwechslungsreichen Angebot. Und das macht die Lübecker Innenstadt so unverwechselbar. Aber auch die gastronomische Kultur entfaltet hier ihre Blüte. Die Konkurrenz an Restaurants und Kneipen ist groß. Dennoch braucht sich kein Lokal hinter einem anderen zu verstecken, jedes hat seine persönliche Note und ist in seiner charakteristischen Art liebenswert.

Einen Juwel der gehobenen Vielfalt finden Sie unter dem Namen Miera. Als mich Freunde das erste Mal dorthin einluden, dachte ich, es sei ein Italiener. Vom Ambiente und von der hohen Esskultur her stimmte das. Es ist aber schlichtweg der Nachname eines Lübeckers. Später stellte ich fest, dass Manfred Miera ein Klubkamerad in meinem Seglerverein ist.

Das besondere an dem Lokal – man muss sagen: an dem lukullischen Ensemble – ist die Vielfalt. Mannigfaltigkeit mit Anspruch auf höchste Qualität. Tagsüber lockt ein Feinkostladen mit ausgesuchten Weinen, Salaten und Käsespezialitäten. Wer sich in der Mittagspause einen guten Tropfen leisten kann, trifft sich in der Weinbar. Ich persönlich bevorzuge den Prosecco di Valdobbiadene. Wer Appetit auf eine leckere Kleinigkeit hat, setzt sich in das Bistro. Bucatini, eine Pastaspezialität aus den Abruzzen von Rustichella, steht auf dem Programm. Lecker.

Abends führt man seine Freunde in das eigentliche Restaurant im Obergeschoss. Dort wartet auf Sie eines der sechs Frühlingsmenüs oder das Hochzeitsmenü. Ich erspare mir Details, um Ihnen nicht voreilig den Mund wässrig zu machen. Es ist exzellent – und zu erschwinglichen Preisen. Spät abends, nach dem Konzertbesuch, gehe ich an lauen Sommerabenden gerne in den kleinen Hofgarten, um den Tag mit einer Riesling Beerenauslese zu beenden.

Gesamturteil: Unschlagbar. – Nicht ganz. Immerhin gelang es mir bei der letzten Klubregatta, Manfred um Schiffslängen zu überholen.

Wenn Sie einen Ausflug an die Ostsee nach Neustadt/Holstein machen, sollten Sie Mieras Dependance nicht versäumen. Schwerpunkt: frischer Ostseefisch.

EIN TREFFPUNKT
NICHT NUR FÜR MALER UND FOTOGRAFEN
Malerwinkel

31

An einem der schönsten Plätze Lübecks gehen viele Besucher einfach deswegen vorbei, weil er etwas abseits liegt. Er gehört zweifellos zu den stimmungsvollsten meiner Lieblingsplätze, weil er eine einzigartige Ansicht auf die alte Hansestadt ermöglicht. Gehen Sie über die Holstenbrücke südlich die Obertrave hinunter zur nächsten Brücke, einer Fußgängerbrücke. Über diese verlassen Sie wieder die Innenstadtinsel und halten sich gleich rechts unten an der Uferanlage. Hier laden Bänke zum Verweilen ein.

Richtung Norden und Osten bietet sich ein traumhafter Anblick über die Trave hinweg auf die Kirchtürme von St. Petri und St. Marien. Davor die Fassaden der großbürgerlichen Patrizierhäuser rund um die heutige Musikhochschule. Rechts von der Dankwartsbrücke, genau gegenüber Ihres Standpunkts, reihen sich die kleinen, idyllischen Ganghäuser wie bei einer gepflegten Perlenkette aneinander. Aus unterschiedlichen Epochen stammend und liebevoll restauriert beherbergen sie heute so manch schönen Handwerkerladen, bei dem sich der Besuch lohnt. Nur sollte die Trave nicht gerade Hochwasser haben, was nicht selten vorkommt. Dann müssen die Bewohner auf Stegen oder per Kahn ihr Haus verlassen. Und anschließend das untere Stockwerk erneut renovieren. Eine mühselige Arbeit, aber die Anwohner nehmen's gelassen und putzen wieder alles, sodass die Häuserfront eines Malermotivs würdig ist. Daher auch der Name dieser kleinen Idylle. Viele Künstler haben sie verewigt. Namhafte Maler wie Edvard Munch, oder zeitgenössische Künstler, deren Ansicht des Malerwinkels in manch einer Lübecker Galerie zu sehen und zu erwerben ist. Lassen Sie also Ihren Fotoapparat ruhig im Rucksack und gönnen Sie sich ein Originalgemälde von Friedel Anderson oder Wilhelm Schodde.

Das Holstentor wird von hier aus durch Büsche und Bäume verdeckt. Macht nichts. Kaufen Sie sich einen Siebdruck von Andy Warhol.

☞ An der Obertrave lohnt sich eines der vielen Straßencafés und Restaurants. An der Untertrave sitzt man gut in der Sonne auf der Terrasse.

REMISE /// WAHMSTRASSE 43 – 54 /// 23552 LÜBECK ///
04 51 / 7 77 73 /// WWW.REMISE-LUEBECK.DE ///

WENN KAFFEEBOHNEN LÖCHER IN DIE WAND SCHIESSEN

Remise

32

In der Wahmstraße, mitten im Herzen Lübecks, befindet sich ein bemerkenswerter Gebäudekomplex. Die einstige Kaffeerösterei wurde in den 90er-Jahren von einem engagierten Lübecker umfassend saniert und in ein soziokulturelles Zentrum umgewandelt. Heute bietet es Platz für die Büros von Greenpeace, Amnesty International und das Sprungtuch, einer Organisation zur Betreuung sozial schwacher Familien. Außerdem findet man eine Werk-, eine Musik- und eine Sportschule. Zudem lockt die Remise.

Ich sitze gemütlich in dem für Lübeck typischen Handelshof. Vor etwa 100 Jahren begann hier die Firma ›Behn & Sohn‹ den Ausbau ihres Handels mit Kaffee, Gewürzen, Früchten und vor allem Tee. Was mich nicht abhält, einen leckeren Mojito zu nippen. Wo heute das stilvoll eingerichtete Restaurant mit seinen denkmalgeschützten Mauern und – bei lauen Sommerabenden – auf dem Innenhof die Gartenstühle locken, war früher Platz für die Kaffeerösterei mit einer Kaffee-Waschmaschine, fünf großen Röstmaschinen, den Exhaustoren und einer Anlage zur Herstellung von Malzkaffee. Das Verladen von ein- und ausgehenden Waren fand im Hof und in der Pferde-Remise, dem damaligen Wagenschuppen statt. Noch heute zeugen die Löcher in den Wandfliesen von dem hektischen Treiben. Angeblich sollen sie von herumspritzenden Kaffeebohnen herrühren, die sich, der Salve einer Maschinenpistole gleich, in den harten Stein gebohrt haben. Von Hektik ist derzeit allerdings keine Spur. Im Gegenteil. Man trifft sich hier, plaudert miteinander, genießt die junge, kreative Küche mit der Prise Traditionalität oder wartet, so wie ich, ganz einfach bei einem Drink auf die Theateraufführung, die in dem zugehörigen Veranstaltungsraum im Seitentrakt, der KulturRösterei, beginnt. Eine Seniorengruppe, durchweg Laien, verspricht, für spannende Unterhaltung zu sorgen. Ein Krimi voller Überraschungen. Hier halte ich auch eine Lesung zu meinem ersten Kriminalroman ab. Mal sehen, ob's ebenso spannend wird.

✐ Probieren Sie das aus New Orleans stammende Arbeitersandwich Muffuletta, eine üppig gefüllte Focaccia mit Schinken, Salami, Parmesan, Mozzarella und Olivensalat.

VON FEGEFEUER UND PARADIES, VON HIRSCHEN UND LÖWEN

Der Dom zu Lübeck

33

Als Karl der Große eines Tages an der wendischen Grenze jagte, stellte er einen schönen Hirsch. Schon hatte er den Bogen gespannt, da sank das stolze Tier in die Knie und schmiegte sich an ihn. Der Kaiser legte ihm ein golden Halsband um. 400 Jahre danach sieht Lübecks Gründer Heinrich der Löwe einen Hirsch an einer Quelle. Er befiehlt, ihn zu fangen, und entdeckt, dass zwischen dem Gehörn ein goldenes Kreuz aufgewachsen ist. Das rührt ihm so das Herz, dass er an der Stelle den Grundstein zur Domkirche legt.

So weit die Sage. Wer sich heute aus der turbulenten nördlichen Innenstadt dem 1247 geweihten Dom nähert, muss erst durchs Fegefeuer, ehe er das Paradies erreicht. Ersteres ist eine schmale Gasse, deren Name auf den Volksmund zurückgehen soll. Hinter dem zweiten verbirgt sich eine uralte Bezeichnung für einen kunstvoll umbauten Vorhof zur Kirchentür. Der filigrane Anbau an das Baumassiv des Doms ist einer der schönsten seiner Art in Norddeutschland. Er führt zu einer kleinen Grünfläche, wo es sich geruhsam sitzen und die beinahe düster wirkende Würde des mächtigen Gotteshauses – mit 130 Metern eine der längsten Backsteinkirchen – fast vergessen lässt.

Im Kontrast zum frühgotischen Stil des Paradieses geht es im Innern des Doms monumental zu. Das wohl bedeutendste Kunstwerk ist das 17 Meter hohe Triumphkreuz des Lübecker Meisters Bernt Notke, 1477 errichtet. Einst stand die schlichte Leidensmiene des Gekreuzigten in krassem Gegensatz zur gotischen Farbenpracht der Holzbemalung. Doch davon ist fast nichts übrig geblieben. Im 18. Jahrhundet wurde es dem Zeitgeschmack folgend mit einem eintönigen grauen Anstrich »modernisiert«, und die Bombennacht 1942 trug ein Übriges bei. Prächtige barocke Grabkapellen zieren das südliche Seitenschiff und zeugen vom Reichtum der bischöflichen Domherren, deren weltliche Residenz das Eutiner Schloss war. Dem Triumphkreuz gegenüber wacht heute – in Erinnerung an den Gründer – ein golden glänzender Löwe über den Dom, dem Ort der Stille, der Andacht und der Kunst.

🏛 Bei schönem Wetter sitzt man wundervoll im Dom-Innenhof, den man vom Mühlenteich aus erreicht. Das zum Museum für Natur und Umwelt gehörende Ausbildungscafé bietet Außenplätze an.

CAFÉ UTSPANN (IM HANSEHOF) /// WAHMSTRASSE 35 – 37 ///
23552 LÜBECK /// 04 51 / 7 07 06 77 /// WWW.CAFE-UTSPANN.DE ///

AUSSPANNEN BEI KAFFEE, KUCHEN UND BUCH
Café Utspann

(34)

Die Wahmstraße hieß im Mittelalter »Waghemansstrate«, die Straße der Fuhrleute und der Wagen. Vor allem Brauereien waren hier ansässig. Sie waren die ersten, die mit ihrer Wasserkunst für sauberes Trinkwasser sorgten, das sie für ihr Bier brauchten. Heute gehört die Wahmstraße zu den beliebtesten Einkaufsgassen der Stadt. Da rundet man gerne das Shoppen mit einem entspannenden Cafébesuch in gemütlicher Atmosphäre ab.

Bier und Mineralwasser gibt es hier zwar auch heute noch. Doch der absolute Publikumsliebling sind die verführerischen Torten, begleitet von erstklassigem Kaffeegenuss. Die Hausherrin empfiehlt Mandarinen-Quark-Sahnetorte, der Hausherr schwört auf Friesenzimttorte. Dazu holländischen Kaffee mit Sahne und einem Schuss Eierlikör.

Die Torten und Kuchen stellt der Hausherr selber her, alles frisch und aus eigener Produktion. Auf meine Frage, was dabei das Wichtigste sei, antwortet er: »Man muss mit Liebe backen, aber streng nach alter Rezeptur.« Bei ihm kommen keine Tiefkühlprodukte auf den Teller. Kaugummigastronomie nennt er das. Wichtig ist ihm auch, die Torten nach den regionalen Produkten der Saison auszurichten. Im Sommer wird gerne eine Stachelbeer-Baisertorte gereicht, im Winter die Walnuss-Baisertorte. Natürlich gibt es auch ein reichhaltiges Frühstücksangebot und warme Mittagsmahlzeiten. Mein Favorit ist hier der hausgemachte Pfannkuchen Elsässer Art.

Zu solchen Gaumenfreuden passt das gemütlich friesische Ambiente. Blauweiß nicht nur auf dem Kaffeeservice, sondern auch bei Möbeln und Dekoration. Im Bücherregal stehen Bücher zum Kauf bereit. Mehrmals im Jahr finden Lesungen statt. Der Blick aus dem Fenster führt auf einen von Renaissancebauten gesäumten Innenhof. Im Sommer sitzt man dort fernab der Hektik in der Sonne oder im Schatten eines Ahornbaums. Wo früher die Arbeiter Bierfässer rollten, genießt man heute Torten. Ganz entspannt, Utspann eben.

✍ Die Gode Stuv lädt ein zu Familienfeiern, Klassentreffen oder wenn man mit seinen Freunden einfach mal die gute alte Zeit bei Kaffee und Kuchen genießen will.

**MUSEUM FÜR NATUR UND UMWELT /// MUSTERBAHN 8 ///
23552 LÜBECK /// 04 51 / 1 22 41 22 ///
WWW.LUEBECK.DE/TOURISMUS/KULTUR/MUSEEN/NATUR-MUSEUM/ ///**

An den Dom lehnt sich ein Gebäude mit direktem Blick auf den schönen Mühlenteich an, das auf den ersten Blick wie eine Schule aussieht. Aber obwohl hier ständig Kinder anzutreffen sind, ist es keine. Es beherbergt das Museum für Natur und Umwelt. Das ursprüngliche Gebäude fiel der Bombennacht von 1942 zum Opfer und wurde in den 60er-Jahren völlig neu aufgebaut. Doch das schlichte Aussehen täuscht. Immerhin kann das Museum auf die längste Museumsgeschichte der Lübecker Museen zurückblicken.

Die Ursprünge der Sammlung gehen auf den Nachlass des Lübecker Arztes Johann Julius Walbaum aus dem Jahre 1799 zurück. Sein Anliegen war es, die Natur zu verstehen und mit Freude zu vermitteln. Und so verwundert es nicht, dass heute Schulklassen und Familien mit Kindern durch die Stockwerke auf Wissensrallye gehen, in Suchspiele vertieft sind oder sich um einen der vielen Experimentierkästen streiten. Auf drei Ebenen erlebt man hautnah die Naturgeschichte Schleswig-Holsteins sowie die Lebensräume und die artenreiche Tier- und Pflanzenwelt des Lübecker Raumes. Sie erfahren hier, dass der Boden, auf dem sie gerade stehen, einst Meeresgrund war. Daher die Vielfalt vergangener Lebensformen, die wir heute als Fossilien oder als Nachbildungen bewundern. Besonders der mächtige Pampauer Wal, der vor zehn Millionen Jahren hier schwamm, der südlich der Hansestadt ausgegraben wurde und jetzt an der Decke hängt, erregt die Gemüter. Die gezeigten Wale sind europaweit einzigartig. Beeindruckend auch die Tierwelt der Eiszeit, besonders der Schlutuper Riesenhirsch, ein Großsäugetier der eiszeitlichen Kältesteppe, die den Lübecker Ortsteil einst beherrschte. Aber auch die heutige heimische Tierwelt kommt nicht zu kurz. Spannend, den summenden Gläsernen Bienenstock und die Lübecker Bienentanzuhr zu studieren. Absoluter Höhepunkt ist jedoch das riesige Pottwalskelett im Domhof. Es lehrt uns Menschen Bescheidenheit und Respekt vor den Wundern der Natur. Schön, dass diese Tugenden schon den Kindern nahegebracht werden.

🖉 Dem Museum angeschlossen ist ein Café im Domhof mit Blick auf die einmalige mittelalterliche Kulisse.

WARUM NICHT MAL
BEQUEM ÜBERS WASSER FAHREN?
Naturwunder Grüne Lunge – Wakenitz

Die Wakenitz ist so etwas wie die grün-blaue Lunge Lübecks. Grün wegen der Naturschutzreservate, die sich infolge der jahrzehntelangen innerdeutschen Grenze gebildet haben. Blau wegen ihrer vielfältigen Möglichkeiten, Wassersport zu betreiben: Schwimmen, Tretbootfahren, Rudern, Kanufahren, Segeln, Angeln. Ich habe mich heute für die bequeme Art entschieden, den wunderschönen Flusslauf bis runter an den Ratzeburger See zu erkunden: den Ausflugsdampfer. Abfahrt bei der Moltkebrücke.

Die 15 Kilometer lange Strecke führt zunächst an prächtigen Lübecker Villen vorbei. Mit eigenem Anlegesteg, wie wir neidisch anmerken. Schön muss es sich hier wohnen, ist doch das Befahren des Wassers mit Motorbooten stark eingeschränkt. Auch unser Ausflugsboot muss sich an die Regeln halten. Die Ansagen des Kapitäns über die Lautsprecher sind nur unter Deck zu hören. Wegen der Geräuschbelästigung der Natur. Auf dem Achterdeck sitzt man zwar in der Sonne, aber unter Deck erfährt man mehr. Die Wakenitz hat keine Quelle. Sie entwässert den Ratzeburger See und wird seit jeher in Lübeck aufgestaut, um Kornmühlen betreiben zu können. Irgendwo auf einem unscheinbaren Hügel kam es im 12. Jahrhundert zur ersten Gründung Lübecks durch Heinrich den Löwen. Doch nur für wenige Jahre, weil die Wakenitz als Handelsader ungeeignet war.

40 Jahre Eiserner Vorhang und der damit verbundene grüne Grenzstreifen begünstigten die reichhaltige Fauna und Flora. Rotbauchunken und Knoblauchkröten leben hier neben Rotmilanen und Eisvögeln. Im Wasser tummeln sich Hechte, Barsche, Aale und Wildkarpfen. Einige landen auf den Tellern der Ausflugsgäste in Müggenbusch, Absalonshorst und Fährhaus Rothenhusen. Natürlich auch auf unseren Tellern bei unserer Einkehr, die wir nötig haben, um uns von der Flut der Naturschauspiele zu erholen. Aber Vorsicht: An Wochenenden ist hier der Teufel los! Da muss man manchmal eine gute Stunde warten, bevor man überhaupt die Speisekarte bekommt. Aber macht nichts. Schön ist der Ausflug allemal.

Von Rothenhusen kann es weitergehen über den Ratzeburger See bis hin nach Ratzeburg. Man sollte jedoch an die Rückfahrt denken, denn Fahrräder dürfen auf den Wakenitzbooten nicht transportiert werden.

KUNSTHALLE ST. ANNEN /// SANKT-ANNEN-STRASSE 15 ///
23552 LÜBECK /// WWW.MUSEEN.LUEBECK.DE ///

Kinderlärm in einer Kunsthalle? Warum nicht. Heute ist eine Gruppe aus der Kita *Astrid Lindgren* zu Besuch. Eine junge Museumspädagogin erklärt den Kindern einige Bilder der aktuellen Gontscharowa-Ausstellung »Zwischen russischer Tradition und europäischer Moderne«. Anschließend dürfen die Kleinen sie mit Wachsmalstiften nachempfinden. Sie machen das gut, und man sieht, dass sie Spaß dabei haben. Spielerischer Zugang zur Modernen Kunst. »Das sind unsere zukünftigen Museumsbesucher«, meint der Museumsdirektor.

Eigentlich war ich hergekommen, um in Ruhe das berühmte Selbstbildnis von Gontscharowa aus dem Jahre 1907 anzuschauen. Ich sitze hier gerne auf einer Bank. Je länger man ein Bild betrachtet, umso besser kann man sich in seine Welt versenken. Aber heute werde ich abgelenkt. Doch das macht nichts, denn schnell merke ich, dass ich dazulernen kann. Die Pädagogin weist auf die leuchtenden Farben hin. »Ich kenn das, ich hab schon mal mit Öl gemalt«, ruft ein Mädchen. Ein Junge sagt, dass er russisch kann. Und schon sind die Kinder – und ich auch – vertieft in die Malerei der Gontscharowa. Avantgardistische Anlehnungen an die russische Volkskunst, die Kinder verstehen sie sofort.

Ich besuche die Kunsthalle St. Annen auch aus einem anderen Grund. Mich beeindruckt die Architektur. Ein auffälliger nüchtern-moderner Block ragt über die mittelalterlichen Mauern hinweg. Seine Dimension entspricht genau der ehemaligen St. Annen-Kirche, die hier als Klosterkirche bis zum Brand im Jahre 1843 stand. Die Ruinenteile, Bögen, Pfeilerstümpfe und Mauerreste wurden geschickt in die heutigen Baumaterialien integriert. Aus dieser Spannung zwischen Alt und Neu lebt das gesamte Ensemble. »Das Neue setzt sich optisch und materiell bewusst selbstbewusst vom Vorgefundenen ab. Die historischen Brüche werden direkt und ohne historisierende Anbiederung sofort erkennbar«, sagt der Museumsdirektor. Ein spannender Ort, um Wechselausstellungen zur Kunst nach 1945 zu erleben. Ein Besuch lohnt sich. Und nehmen Sie Ihre Kinder mit.

✏ Im Bistro können Sie sich auch körperlich regenerieren.

ST. ANNEN-MUSEUM /// SANKT-ANNEN-STRASSE 15 /// 23552 LÜBECK ///
WWW.MUSEEN.LUEBECK.DE ///

ZU BESUCH IN EINEM DER SCHÖNSTEN MUSEEN DEUTSCHLANDS

St. Annen-Museum

37

Lübeck ist so reich an mittelalterlichen Bauten und Kunstschätzen, dass es schwerfällt, Highlights herauszustellen. Eines der Top-Highlights ist das St. Annen-Museum. In zweierlei Hinsicht: der Gebäudekomplex als einer der wenigen fast vollständig erhaltenen Klosteranlagen und die darin gehütete Sammlung sakraler Kunst des Mittelalters und die Ausstellung über die Lübecker Wohnkultur von den Anfängen bis hin in die Zeit des Biedermeiers. Darüber hinaus beherbergt es meinen Lieblingsplatz: den Puppenhof.

Die Sonne dringt in den Klosterhof und taucht den von mittelalterlichen Mauern umgebenen Rasen in ein warmes Licht. Die Luft vibriert, und in der stillen Abgeschiedenheit habe ich das Gefühl, ich sei zu mir selbst zurückgekehrt. Vergangenheit und Gegenwart verschmelzen.

Puppenhof: Der Name stammt von den Sandsteinfiguren, die einstmals auf der Puppenbrücke vor dem Holstentor gestanden haben und nun aus konservatorischen Gründen den Besucher des Gartens im St. Annen-Museum erfreuen. Hier auf einer Bank mit Blick auf den nackten Hintern des Merkur fühle ich mich wohl. Die schräg einfallende Nachmittagssonne wirft gespenstische Skulpturenschatten auf den Rasen. Touristen verirren sich nur selten in das Geviert. Gelegentlich spielen ein paar Kinder, denen der Rundgang im Museum zu langweilig wird, auf dem Hof Verstecken und amüsieren sich über den nackten Po.

Doch nun zurück ins Museum. Der Memling-Altar ist wohl der kostbarste Kulturschatz der Hansestadt. Aber auch die Figuren der klugen und törichten Jungfrauen ziehen mich in ihren Bann – besonders letztere wegen ihres Liebreizes. Und anschließend zu den historisch nachgebildeten Lübecker Wohnräumen, wo mich die Barockdiele besonders beeindruckt. Und natürlich die interessante Musikinstrumentensammlung. Oder die einzigartige Paramentenausstellung. Und, und, und … Ich glaube, bevor ich weitermache, muss ich mich wieder in den Puppenhof zurückziehen, um zu mir selbst zurückzukehren.

✍ Wagen Sie ein atemberaubendes Abenteuer: Bevor Sie zum Ausgang gehen, biegen Sie rechter Hand ab und erkunden die Kunsthalle St. Annen. Eine ideale Ergänzung zum Mittelalter: Moderne Kunst nach 1945 …

DIE KLEINSTE DER FÜNF LÜBECKER ALTSTADT-KIRCHEN – ABER MIT DEM GRÖSSTEN CHARME

St. Aegidien

38

Es ist die kleinste, aber auch anheimelndste Kirche. Und ihr Turm ist ein gewichtiges Merkmal für die Sieben-Türme-Stadt. Sie liegt in einem Stadtteil, der einst das Viertel der Handwerker war, und seit jeher lebten hier viele Menschen, die der sozialen Fürsorge bedurften. Der Aegidienhof gegenüber, ein ehemaliger Beginenkonvent, ist eines der größten sozialen Wohnprojekte in Schleswig-Holstein. Daher könnte man meinen, die Kirche sei ein schlichtes Gotteshaus. Das Gegenteil ist der Fall.

St. Aegidien wurde 1227 erstmals urkundlich erwähnt. Es überstand diverse Kriegswirren vergleichsweise gut, auch die Bombennacht 1942, die in anderen Kirchen verheerende Folgen hatte. So befindet sich in einer Steinnische unterhalb des Lettners ein spätromanisches Relief des thronenden, segnenden Christus aus dem späten 13. Jahrhundert – das älteste Kunstwerk der gesamten Kirche. Besonders beeindruckend ist der reich verzierte Lettner aus dem 16. Jahrhundert, der wie eine überdimensionale Kanzel das Mittelschiff vom Chor abtrennt. Ein reicher Lübecker Kaufmann hat sich hier mit einer Stiftung einen Platz für die Ewigkeit gesichert. Die Bildersprache der Figuren und Malereien könnte ganze Bücher füllen: Wir sehen den Heiland mit seinen zwölf Aposteln, erfahren Szenen aus der Heilsgeschichte, erkennen Sinnbilder der freien Künste und werden sogar über die Planeten unterrichtet. Alljährlich zur Adventszeit bildet der Lettner die Szenerie zu dem plattdeutschen Krippenspiel, das hier Schüler des Katharineums aufführen.

Nicht minder beeindruckend ist die große Orgel an der Westseite. Sie geht auf die Jahre 1624–1626 zurück und hat mancherlei Umbauten und Renovierungen erfahren. Dennoch ist ihre frühbarocke Fassade erhalten. Bemerkenswert die beweglichen Posaunenengel an den Seiten, eingebettet in kunstvolle Laubwerkverzierungen. Da das Kirchenschiff nicht übermäßig groß ist, kann sich bei Konzerten eine ausgezeichnete Akustik entwickeln, sowohl für A-cappella-Aufführungen als auch für Orchesterwerke.

✍ Kommen Sie abends zu einem Konzert bei Kerzenschein. Veranstaltungshinweise finden Sie auf der Homepage der Gemeinde.

ALTE MÜHLE /// MÜHLENDAMM 24 /// 23552 LÜBECK ///
04 51 / 70 72 59 /// WWW.ALTEMÜHLE-LÜBECK.DE/INDEX.HTML ///

WEINGENUSS IN HISTORISCHEM AMBIENTE
Alte Mühle

39

An der Südspitze der Innenstadt, dort, wo die Wakenitz in die Trave mündet, befindet sich ein Lokal, das man nicht auf den ersten Blick entdeckt. Abseits vom Trubel der Altstadt bietet es eine gute Gelegenheit, im Grünen zu sitzen und dem Rauschen eines Wasserwehrs zu lauschen. Mit einer überraschenden Auswahl offener Weine. Sie reicht von deutschen Klassikern wie Riesling und Trollinger über französische, italienische und spanische Weine bis hin zu einer Auswahl aus der Neuen Welt.

Nur wenige Gäste, die hier im Garten sitzen, ein Glas 2005er Juliusspital Scheurebe verkosten und sich an einem der 15 verschiedenen Flammkuchen versuchen, ahnen, dass sie auf historischem Boden sitzen. Bereits im 12. Jahrhundert benötigte die rasch anwachsende Stadt mehrere Mühlen, um die Brotversorgung der Stadtbevölkerung zu sichern. Die ersten Kornmühlen entstanden, als man die Wakenitz hier in der Nähe durch einen Damm aufstaute. Zu Anfang des 16. Jahrhunderts gab es am Mühlendamm sechs Mühlen einschließlich der Pulvermühle, die außerhalb des Dammes wohl an der Stelle der Mühle von 1298 lag. Hierzu kam 1532 als siebte die vom Hüxterdamm hierher verlegte Walkmühle, die jedoch 1667 wieder beseitigt wurde. Die Pulvermühle, die zur Erweiterung der Festungswerke auf den Mühlendamm verlegt worden war, explodierte 1731. Sie wurde nicht wiederaufgebaut. Im 17. Jahrhundert kam noch eine neue Mühle hinzu. Warum sie »Verderb« genannt wurde, ist nicht überliefert. Diese Mühlen lagen in fünf durch Fleete voneinander getrennten Häusern. Die einstige Anlage des Mühlendammes ist heute noch erkennbar.

Die heutige Alte Mühle, die einstige Roggenmühle, wurde unter Denkmalschutz gestellt und mit neuem Leben gefüllt. Eine der Nutzerinnen hat über die wunderschöne Lage gesagt:»Egal aus welchem Fenster man guckt, überall sieht man Wasser und Grün. Einmalig.« – Und dazu einen Schoppen 2005er Juliusspital Scheurebe.

🖘 Gönnen Sie sich eine Weinprobe. Die Alte Mühle bietet Ihnen die Möglichkeit, einen tieferen Einblick in die angebotenen Weine zu bekommen: Reise durch Europa, Italien vs. Frankreich, Neue vs. Alte Welt.

SCHULGARTEN /// AN DER FALKENWIESE /// 23564 LÜBECK ///
04 51 / 1 22 67 01 ///
WWW.GARTENROUTEN-SH.DE/INDEX.PHP?ID=SCHULGARTEN ///

Ein gutes Buch in der Hand, im Schatten der blühenden Kupfer-Felsenbirnbäume sitzend, den Duft einer Wildblumenwiese in der Nase. Traumhaft, und dennoch ein leicht erfüllbarer Traum. All das können Sie in Lübecks Schulgarten finden. Keine Angst, Sie müssen weder die Schulbank drücken, noch sich über laute Schüler ärgern. Ich spreche vielmehr von einem öffentlichen, kostenlos zugänglichen Botanischen Garten in unmittelbarer Nähe zur Wakenitz. Ein gärtnerisches Experimentierfeld voller Überraschungen.

Der Schulgarten liegt abseits der beliebten Tourismusrouten. Dafür wird er gerne von den Anwohnern genutzt, die hier in aller Ruhe die Schönheiten der Natur genießen: den Senkgarten, eingerahmt mit Laubengängen und Pergolen, einen Tunnel aus kunstvoll geschnittenen Linden, das Seerosenbecken oder die Wildblumenwiese, den Nutzgarten neben dem Bauerngarten, ein Feuchtbiotop, einen Heidegarten, das Alpinum, den Bruchwald und den Lehrgarten für Pflanzenverwandtschaft und Vererbung. Besondere Pflanzen wie Araukarien und alpine Stauden erregen das Interesse des Fachmanns. Und mittendrin schöne Skulpturen wie *Wasserschöpfendes Mädchen* von E. Müller am Ende des Lindentunnels – sie wird von den Lübeckern »Dorothea« genannt – oder den *Panther* von Fritz Behn aus dem Jahr 1934.

Die ersten Pläne entwickelte der damalige Lübecker Stadtgärtner Erwin Barth bereits 1909. Sie wurden 14 Jahre später durch seinen Nachfolger Harry Maasz realisiert. Im Ersten Weltkrieg nutzte man den Schulgarten als Gemüse- und Kartoffelfeld. 1920 strebte Harry Maasz eine Erweiterung des Schulgartens an, hatte aber keinen Erfolg. Während des Zweiten Weltkriegs diente er erneut rein praktischen Überlebensinteressen. 1949 wurde er als Lehr- und Schulgarten wieder eröffnet. Während der Sommermonate betreibt die Vorwerker Diakonie ein Café, geführt von Menschen mit und ohne Behinderungen. Mich lockt der frische Kaffeeduft. Ich lege meinen Lübeck-Krimi beiseite und erfrische mich mit einem Cappuccino.

⌘ Packen Sie die Badehose ein und springen Sie im benachbarten Naturbad Falkenwiese in die Wakenitz, einem unter Denkmalschutz stehenden Freibad.

ZUM KANNENBRUCH RICHTUNG KRONSFORDE ÜBER DEN
ELBE-LÜBECK-KANAL.

PARKEN BEIM FORSTHAUS ODER WEITER SÜDLICH IN DER KURVE. ///
WWW.STADTWALDFREUNDE.DE ///

Im Südwesten Lübecks liegt ein Stadtforst, der auf der Karte durch seine sternförmigen Wege auffällt, die sich in der Mitte des Waldes, dem Rondell, treffen. Er gilt als Paradebeispiel für das Lübecker Modell einer Forstwirtschaft, die versucht, der Natur die meiste Arbeit zu überlassen. Forstleute nennen das »biologische Automation«. Ein schreckliches Wort, wie ich finde, aber der Kannenbruch zeigt, dass sich dahinter Sympathisches verbirgt: Natürlichkeit im Einklang mit Geschichtlichkeit.

Wenn Bäume reden könnten, dann würden sie so manche Geschichte erzählen. Und wenn ein ganzer Wald reden könnte, würde das einen Roman ergeben. Sicherlich einen Liebesroman. Auf dem Rondell steht ein Baum, der das beweist. »Ich schnitt in seine Rinde so manches liebe Wort«, heißt es in dem von Franz Schubert vertonten berühmten Gedicht. Zwar ist es hier keine Linde, sondern eine Buche, und sie steht auch nicht am Brunnen vor dem Tore, dennoch erzählt sie eine Geschichte. Eine Bildergeschichte. Das Schöne daran ist, dass nur zwei Menschen sie wirklich kennen. Die anderen ahnen sie allenfalls. Hans und Birgit, das Jäger-Ehepaar des Kannenbruchs, sitzen gerne auf der Rundbank, mitten im Zentrum des Rondells, ganz nahe bei dieser Birke. Er ist eigentlich Biolehrer an meiner Schule und stand wegen seiner sonoren Stimme schon als Jupiter im *Orpheus in der Unterwelt* auf der Bühne meiner Musiktheaterarbeit. Ein promovierter Tierarzt und leidenschaftlicher Naturschützer. Auf meine Frage hin, ob sich denn das Jagen mit dem Naturschutz vertrage, zeigt er mir ein unscheinbares Detail, das ich als einfacher Wanderer bestimmt übersehen hätte. »Wenn wir Jäger nicht für eine ausgewogene Reduzierung des Wildbestandes sorgen würden, hätte dieser Eichentrieb hier überhaupt keine Überlebenschance.« Und eben das ist der Kern: Nachhaltigkeit – ein Begriff, den ein Forstmann bereits 1713 prägte – bei der Waldnutzung. Ganz unspektakulär. Zum Nutzen der Menschen, die ein Bedürfnis nach Ruhe und regenerierendem Erleben haben.

☞ Die Gesellschaft der Freunde des Stadtwaldes Lübeck bietet regelmäßig interessante Führungen durch den Kannenbruch. Mit Hans und Birgit. Nicht nur für Kinder und Jugendliche ein Erlebnis!

SEELUFT

ALTER LEUCHTTURM TRAVEMÜNDE /// AM LEUCHTENFELD 1 ///
23570 TRAVEMÜNDE /// 0 45 02 / 8 47 55 25 ///
WWW.LEUCHTTURM-TRAVEMUENDE.DE/ ///

WIE JAPPE UND DO ESCOBAR SICH PRÜGELTEN

Alter Leuchtturm – Travemünde

40

Am Ende der Vorderreihe stoßen Sie auf den Alten Leuchtturm. Bereits 1330 urkundlich erwähnt und 1539 in Stein ausgebaut, ist er der älteste Deutschlands. Erst 1972 musste das Leuchtfeuer auf das Dach des benachbarten Hochhauses ausweichen, wo es als das höchste Europas gilt. Bevor Sie die 142 Stufen zur Aussichtsgalerie des Backsteinturms hinaufsteigen, sollten Sie sich für einen Moment auf die Bank vor dem Turm setzen und an eine Erzählung Thomas Manns denken, die ein Jugenderlebnis des Autors widerspiegelt.

»Mir war überhaupt nicht nach Singen zumute, so nahe wie wir dem Treffpunkte und Schicksalsplatze schon waren. Das scharfe Dünengras war in sandiges Moos, in mageren Wiesengrund übergegangen, es war das Leuchtenfeld, wo wir schritten, so genannt nach dem gelben und runden Leuchtturm, der links in großer Entfernung emporragte, – und unversehens kamen wir an und waren am Ziel.

Es war ein warmer, friedlicher Ort, von Menschen fast nie begangen, den Blicken durch Weidengesträuch verborgen. Und auf dem freien Platze, innerhalb des Gebüsches, hatte wie eine lebendige Schranke ein Kreis junger Leute sich gesetzt und gelagert, fast alle älter als wir und aus verschiedenen Gesellschaftsschichten. Offenbar waren wir die letzten Zuschauer, die eintrafen. Nur auf Ballettmeister Knaak, der als Schiedsrichter und Unparteiischer dem Kampfe anwohnen sollte, wurde noch gewartet. Aber sowohl Jappe wie Do Escobar waren zur Stelle – ich erblickte sie sofort. Sie saßen weit voneinander entfernt im Kreise und taten, als sähen sie einander nicht. Nachdem wir durch stummes Kopfnicken einige Bekannte begrüßt hatten, ließen auch wir uns mit eingezogenen Schenkeln auf dem warmen Erdboden nieder.«

Wie der Kampf ausging, verrate ich nicht. Heute ist außer dem Turm von all dem nichts mehr übrig. Das Leuchtenfeld: ein flacher Parkplatz, auf dem sich während der Travemünder Woche die Segelboote stapeln.

☞ Einen schönen Ausblick bietet das Restaurant *Über den Wolken* im Maritim-Hochhaus – allerdings nicht auf romantischen Turmmauern. Lassen Sie den Blick über die gesamte Lübecker Bucht schweifen.

Das Backsteinhaus aus dem 15. Jahrhundert springt sofort ins Auge, wenn man in Travemünde die Priwallfähre ansteuert. Einst Vogtei, das heißt Außenposten der Lübecker Stadtherren, später örtliches Polizeirevier, ging es 2005 in Privatbesitz über und wurde liebevoll restauriert und klug mit neuem Leben gefüllt: Ein Restaurant mit Café, ein Teekontor, ein Weinkabinett und eine Kunstwerkstatt laden zum Verweilen ein. Man kann auch draußen sitzen und dem regen Treiben zuschauen oder es sich im Biergarten gemütlich machen.

Wer das Haus betritt, wird von verführerischen Gerüchen empfangen. Rechter Hand ein exzellent sortierter Teeladen. Aromatische Gewürzmischungen, feine Kaffeesorten und edle Schokoladen vervollständigen das Sortiment. Das Weinangebot lockt mit geselligen Tropfen und edlen Auslesen. Hier können Sie in Ruhe den einen oder anderen Wein probieren. Gegenüber werden originelle Produkte wie Hafenbier, Bierlikör, Aalköm und Lütje Minze präsentiert.

Im nächsten Raum duften bereits die Elsässer Flammkuchen aus dem Steinofen. Oder wie wär's mit frischer Ostsee-Scholle? In lauen Sommerabenden sitzen Sie im Biergarten oder lauschen einem Konzert oder einer Lesung im Kaminzimmer. Und wenn Sie Ihre Ruhe haben wollen, setzen Sie sich ins Lesezimmer und verkösten einen der herrlichen Tees oder Weine.

Im Oberstock betreibt Ninette Mathiessen ihre Kunstwerkstatt. Das ist kein Atelier im üblichen Sinn. Ninette betont, dass sie sich eher als Handwerkerin statt als Künstlerin sieht: »Mein Anspruch ist, dass meine Bilder einfach dekorativ wirken und Freude bringen sollen.« Statt mit Pinsel und Palette arbeitet sie mit Spachtel und Malermesser. Ihre Lieblingsmotive sind Fische und Segelboote. Eine Liebeserklärung an Travemünde: modern, manchmal frech und in den aktuellen Zeitgeist passend. Von Ninette können Sie sich auch ihre eigenen Wände gestalten lassen oder ein Kunstwerk in Auftrag geben, das Ihnen persönlich gefällt. »Meine Philosophie ist es, Ihnen Zeit zu schenken.« Ein schöneres Geschenk gibt es wohl kaum.

✄   Gleich um die Ecke befindet sich das Seebadmuseum. Ein Besuch lohnt sich, auch für Kinder. Es bietet spannende Einblicke in die Geschichte Travemündes.

ROLLING HOME
Viermastbark Passat

Unübersehbar ruht im Priwallhafen die Viermastbark Passat. 1911 gebaut und nach abenteuerlichen Fahrten 1957 wegen sinkender Rentabilität außer Dienst gestellt. So genießt der einst stolze Ozeanliner seinen wohlverdienten Ruhestand und gilt als Wahrzeichen Travemündes. 115 Meter lang, 14 Meter breit, 7 Meter Tiefgang, 1.500 Tonnen Stahl. Ein träger, musealer Riese ohne Zukunft? Wer geübt ist, Wahrheiten jenseits der Realitäten zu entdecken, wird schnell merken, dass die Passat lebt. Und immer noch segelt.

»Papa, wir fliegen!«, ruft meine Tochter. Sie steht am Fuß des Großmast und blickt hinauf zum Wappen, dem Doppeladler Lübecks. Richtig: Nicht die Wolken ziehen westwärts, die Passat gleitet sanft ostwärts, hinaus auf die Ostsee. Getrieben nur durch das Klüversegel. Draußen auf offenem Meer werden die Schiffsjungen in die Masten klettern und alle Segel setzen. 4.600 Quadratmeter Segelfläche. Das bringt den Koloss immerhin auf 18 Knoten. Doppelt so schnell wie eine normale moderne Freizeitsegelyacht. Bereit um Salpeter aus Chile oder Weizen aus Australien zu laden. Über das legendäre Kap Hoorn. Mit nur 30 Mann Besatzung.

In Gedanken segele ich mit. Als Smutje. Gleich mischt sich der Duft von Pökelfleisch mit dem Teergeruch. Die knarrenden Taljen und schlagenden Fallen bilden zusammen mit der rauschenden Bugwelle eine wundersame Natursinfonie. Von drüben grüßt hupend ein Ausflugsdampfer. Fröhlich winkende Menschen wünschen uns gute Fahrt. Die Spitze der alten Lorenz-Kirche entschwindet rasch unseren Augen. Gut, dass sie wenige Dezimeter höher ist als unser Mast. Mit dem lieben Gott mögen sich Seeleute nicht so gerne anlegen. Unter den Füßen rollt der Schiffsleib gemütlich hin und her. Das wird sich schnell ändern, wenn wir den Atlantik erreicht haben. Wehe, wer da seekrank wird!

Ich erinnere mich an ein Gedicht von Joachim Ringelnatz. Dort heißt es am Schluss: ›Es rauscht wie Freiheit. Es riecht wie Welt. –
Natur gewordene Planken
Sind Segelschiffe. – Ihr Anblick erhellt
Und weitet unsere Gedanken.‹

Übrigens: Realisten lassen die Passat lieber auf ihrem festen Liegeplatz und buchen sie für ihre Hochzeitsfeier oder für ein Betriebsfest.

ZUR HERMANNSHÖHE /// WWW.LUEBECK-TOURISMUS.DE ///
LÜBECK-TRAVEMÜNDER GOLF-CLUB /// WWW.LTGK.DE ///

EIN WUNDERSCHÖNER SPAZIERGANG – NICHT NUR FÜR DIE FESTTAGE

Naturwunder Brodtener Steilufer

Der Spaziergang um das Brodtener Steilufer gehört zu Lübecks Klassikern. An schönen Sonntagen und vor allem an Festtagen wie Himmelfahrt oder zu Weihnachten ist es Brauch, entweder von Travemünde oder von Niendorf aus hochzusteigen zur Hermannshöhe und im gleichnamigen Ausflugslokal einzukehren. Den Rückweg nimmt man entweder unten am geröllübersäten Strand oder marschiert oben weiter zum entsprechenden Gegenort, um mit dem Bus bequem zurückzukehren. Ein altbewährter Weg, aber jede Saison anders. Denn das Brodtener Steilufer ist ein aktives Kliff. Bis zu 20 Meter ragt es über den Meeresspiegel. Aber durch die ständige Einwirkung von Wind, Regen und Welle weicht es jährlich bis zu einem Meter zurück. Zu mächtig sind die Gewalten der Ostsee. Das abgetragene Land lagert sich etwa einen Kilometer weiter an der Einfahrt zum Niendorfer Hafen wieder ab. So manches Ferienhaus am Rande des Steilufers musste inzwischen aufgegeben werden. Und auch der Hermannshöhe ist kein unendliches Dasein beschert. Immer schmaler wird die Wiese, auf der man sich gerne ausruht, den herrlichen Ausblick auf die Ostsee genießt, den Kurs der unter beängstigender Schräglage hart am Wind dahingleitenden Segelboote verfolgt oder sich an der Vielfalt der Vogelwelt erfreut. Weite Teile des Brodtener Ufers stehen unter Naturschutz. An den Steilhängen befindet sich mit etwa 2.600 Brutröhren eine der größten Uferschwalbenkolonien Europas. Frech fliegen die flinken Vögel den Touristen um die Ohren.

Irgendwo zwischen Travemünde und Niendorf existiert eine Treppe, die den Höhenweg mit dem Ufer verbindet. Bernstein wird man wohl nur sehr selten finden. Gelegentlich gibt das Meer kleine Versteinerungen frei. Kinder sammeln gerne schön geformte Kieselsteine, bemalen sie fantasievoll und verkaufen sie an Touristen, um sich ein Eis an der Travemünder Kurpromenade erstehen zu können. Ich gönne es ihnen, und in meinem Garten hat sich inzwischen ein bunter Steinhaufen angesammelt. Erinnerungen an das Brodtener Steilufer.

✍ Bei der Hermannshöhe gibt es einen Golfplatz, eine 27-Loch-Anlage mit einem atemberaubenden Blick auf die Ostsee.

VOGELPARK NIENDORF / OSTSEE /// AN DER AALBEEK ///
23669 TIMMENDORFER STRAND / NIENDORF /// 0 45 03 / 47 40 ///
WWW.VOGELPARK-NIENDORF.DE ///

ZWISCHEN EULEN, STÖRCHEN, KRANICHEN UND FLAMINGOS

Naturwunder im Niendorfer Vogelpark

An schönen Sommertagen pilgern die Lübeck-Besucher scharenweise zu den Ostseestränden. Niendorf mit seinen Bademöglichkeiten und dem lebensfrohen Hafen gehört dazu. Am besten parkt man gratis gegenüber dem Hafen. Dort trennen sich dann die Wege. Während die sonnenhungrige Mehrheit gen Strand zieht, gehen die, die eher Ruhe und Natur bevorzugen, in die entgegengesetzte Richtung, zum nahegelegenen Hemmelsdorfer See. Dort winkt einer der größten und natürlichen Vogelparks Deutschlands. Auf den Wegen stolziert der blaue Pfau, und mit ein wenig Geduld kann man ihn bewundern, wenn er sein Gefieder zu einem farbenprächtigen Rad schlägt.

Auf einer Fläche von 70.000 Quadratmetern leben 350 Arten, etwa 1.200 Vögel. Auf dem zwei Kilometer langen Wegnetz flaniert man zwischen Schilfflächen, kleinen Teichen und reetgedeckten Tierhäusern. Überall laden Bänke zum Verweilen ein. Eine alternative Art zum Sonnentanken. Währenddessen können die Kinder die weitläufige Anlage erobern. Interessantes gibt es hier genug zu entdecken. Zu den Publikumslieblingen gehören zweifellos die farbenprächtigen Papageien aus Australien, Asien, Afrika und Amerika. Von den 19 Storchenarten, die es auf der Welt gibt, sind hier 15 beheimatet, mehr als irgendwo sonst in Europa. Einige haben ihre Nester auf den Reetdächern gebaut, sodass man die Jungtiere hautnah beobachten kann. Zwei Drittel aller Kranicharten fühlen sich im Gehege wohl und ziehen hier ihre Brut auf. Mit einem Bestand von 150 Eulen aus 47 Arten kann sich der Vogelpark rühmen, der umfangreichste der Welt zu sein.

Der Vogelpark ist nicht nur mit der Pflege der Tiere beschäftigt, sondern auch mit der Nach- und Aufzucht von Jungtieren. Was nicht leicht ist. Der Besucher kann in aller Ruhe einen erholsamen und gleichzeitig erbaulichen Tag in dem Park verbringen. Ein stilvoll eingerichtetes Café lädt zu Kaffee und Kuchen ein. Die Kinder dürfen dann, bewaffnet mit einem Eis am Stiel, erneut auf Abenteuerjagd gehen.

✍ Es lohnt sich, zu Fuß einen kleinen Abstecher zum Hemmelsdorfer See zu machen. Vom Hermann-Löns-Blick, einem Beobachtungsturm, hat man einen herrlichen Ausblick auf das weitläufige Naturschutzgebiet.

Der kleine Hafen liegt verträumt in der Lübecker Bucht. Doch es ging hier nicht immer friedlich zu. Napoleon wollte den Hemmelsdorfer See wie einen Fjord zu einem Kriegshafen ausbauen. 100 Jahre später folgte der nächste »Krieg«: Die Fischer, die die Strände für ihre Netze und ihre Anlandung nutzten, kamen dem aufblühenden Fremdenverkehr in die Quere. Erst 1922 bekamen die Fischer ihren Hafen, den Touristen überließ man den Strand. Und die Napoleons des Dritten Reichs planten gar einen U-Boothafen.

Fischer und Touristen schlossen Burgfrieden. Man profitierte voneinander. Kaum einer der vielen Berliner Gäste ahnt, dass der Niendorfer Fisch nach dem Kriege die Ernährung ihrer Stadt sicherstellte.

Hier sitze ich gerne. In der Sonne, mit Blick auf die Fischerboote, wo die frischen Dorsche angeboten werden. Viele zappeln noch, ganz zur Entrüstung der Kinder, die sich bis an die Kaimauer herantrauen. Ängstliche Mütter rufen: »Nicht so nah ans Wasser!« Dabei kann eigentlich überhaupt nichts passieren, denn die gutmütigen Fischer passen schon genau auf.

Drüben, auf der anderen Seite des Hafens sitzt der Maler Reinhold Liebe vor seiner Staffelei. Mit geschickten Pinselstrichen fängt er die Atmosphäre ein. Er stammt aus einer alten Fischerfamilie und hatte eine harte Jugend. Dennoch atmen seine Aquarelle Zuversicht und Lebensfreude. Nomen est omen.

Ich nehme einen Schluck Ducksteiner und genieße den Anblick einer eleganten Segelyacht, die sich langsam nähert. Ihr Name »Navalis« prangt an der Schiffsseite. Jutta und Jochen kommen, darüber freue ich mich. So brauche ich nicht länger mein Bier allein zu trinken.

Viele Gäste sitzen an einer satten Portion gebackenen Rotbarsch. Das Doppelpack hätte bei mir für eine ganze Woche gereicht. Stattdessen habe ich mir ein frisches Fischbrötchen gekauft und erinnere mich an die Zeit, als ich bei der örtlichen Segelschule den Jollenschein machte. Es waren unvergessliche 14 Tage voller maritimer Abenteuer. Heute sehne ich mich nach dieser Zeit zurück.

✍ Nehmen Sie die Badehose mit! Gleich neben der Ostmole lockt ein Freistrand. Wenn Sie wasserscheu sind, sollten Sie sich besser einen Strandkorb mieten und den Blick bis hinüber nach Neustadt genießen.

IM EINKLANG MIT DER NATUR

Segelschule Skipper – Niendorf

Auf dem Gelände der Evers-Werft hat eine Segelschule ihr Domizil. Thomas bietet alles an, was die Ostsee zum Erlebnis macht: Opti-Segeln für Kinder ab sieben Jahren, Jollen und Laser ab zwölf, Katamarane, Yachtscheine. Regelmäßig veranstaltet er Törns nach Dänemark oder verchartert seine Yachten. Und immer weiß er, bei seinen Kunden die Liebe zum Wassersport zu wecken und das Vertrauen in die eigene Kraft zu stärken. Schauen Sie mal zum Schnuppersegeln rein, dann nimmt er Sie bestimmt mit an Bord.

Ich lebe schon lange an der Ostsee, hatte aber die Strände stets gemieden. Zu viel Trubel, trockene Sandstrände, nichts als öde Wasserfläche. Das war nicht meine Sache. Dachte ich. Bis ich eines Tages in der Zeitung etwas von »Schnuppersegeln« las. Segeln? Das hatte ich noch nie ausprobiert. Also ging's am Sonntagvormittag raus nach Niendorf an den Anleger der Segelschule Skipper.

Ohne viel Aufheben bat mich Thomas auf die schwankende Jolle. Ein Wunder, dass ich nicht gleich ins Wasser fiel. Er erklärte kurz das Nötigste über Segel, Wind und Pinne und schickte mich vertrauensvoll auf Jungfernfahrt.

Die Umstehenden hielten mich wohl eher für eine betrunkene Landratte, aber irgendwie kam ich aus dem Hafen heraus. Kurz darauf fühlte ich, wie man Leinen, Schoten und Ruder richten musste, um voranzukommen. Thomas wechselte geschickt von Jolle zu Jolle, und am Ende segelte die ganze Flotte, als wollten wir eine Regatta bestreiten.

Vergessen waren die überfüllten Strände. Ich meldete mich zu einem Anfängerkurs an, bestand den Segelschein, stieg bald auf ein Kajütboot um und wurde leidenschaftlicher Segler. Abstand vom Alltag, Einssein mit der Natur, der Klang der rauschenden Bugwelle, der Geruch des Meeres, das ist es, was jeden Tag aufs Neue fasziniert.

☞ Gehen Sie nach dem Segeln zum »Alten Zollhaus«, setzen sich auf die Veranda und genießen bei einem kühlen Hellen die herrliche Aussicht auf die Bucht und den Blick auf den regen Schiffsverkehr.

TIMMENDORFER STRAND NIENDORF TOURISMUS GMBH ///
TIMMENDORFER PLATZ 10 /// 23669 TIMMENDORFER STRAND ///
0 45 03 / 3 57 70 /// WWW.TIMMENDORFER-STRAND.DE/ ///

SEA LIFE /// KURPROMENADE 5 /// 23669 TIMMENDORFER STRAND ///
WWW.SEALIFE.DE ///

Wo noch bis ins 19. Jahrhundert die Fischer auf dem kilometerlangen Strand ihre gelegentlich übel riechenden Netze zum Trocknen aufhängten oder der Fischfang mit den kleinen flachen Booten angelandet wurde – den Niendorfer Hafen im Nachbardorf gibt es erst seit 1922 –, befindet sich heute eines der schönsten und mondänsten Seebäder der Lübecker Bucht. Die damaligen Landesherren in Eutin erkannten schon um 1880 den Wert des Fremdenverkehrs und wandelten den Strand in eines der ersten Ostseebäder um.

Kilometerlange weiße Sandstrände, gepflegte Strandkörbe so weit der Blick reicht, von Kinder- und Väterhänden fantasievoll gestaltete Sandburgen, braun gebrannte Bikinischönheiten, stolze Segelboote, deren Bugwelle hell aufschäumt, ein Ausflugsdampfer, der an der langen Seebrücke anlegt und viele Sonnenhungrige aufnimmt. All das gehört zu einem Familienurlaub an der See dazu, all das hat Timmendorf zu bieten. Hinzu kommen Strandbars, Souvenirshops und Tretbootverleiher.

Hinterm Deich zeigt sich Timmendorf von einer ganz anderen Seite, einer, die sie über alle Nachbarorte emporhebt. Parallel zum Strand führt eine Flaniermeile, die durchaus den Ansprüchen der mondänen Welt standhalten kann. Teure Modeboutiquen, Schmuckgeschäfte und Designerstudios bieten alles, was das Herz des Gastes begehrt. Dazu eine erlesene Feinschmeckerkultur wie in dem Gourmet-Restaurant *Orangerie* im *Maritim*.

Ich sitze lieber auf der Sommerterrasse des Central Café Fitz. Weil In-der-Sonne-Liegen nicht so mein Ding ist, beobachte ich lieber das bunte Treiben um mich herum und entdecke bei Gelegenheit das Gesicht eines Prominenten. Natürlich spreche ich ihn nicht an oder bitte um ein Autogramm, da ich mir gut vorstellen kann, dass er hier Ruhe sucht. Außerdem, wenn man hier an seinem Cocktail nippt, muss man sich an den Stil dieser Kreise anpassen.

Nach dem Drink erlaube ich mir einen Sprung über einen Breitengrad. Der 54. geht nämlich quer durch die Fußgängerzone.

✉ Besuchen Sie das Sea-Life Aquarium mit seiner atemberaubenden Unterwasserwelt: Seepferdchen, majestätische Haie, neugierige Rochen, behäbige Meeresschildkröten und mehr.

TOURISMUS-SERVICE /// DÜNENWEG 7 ///
23730 NEUSTADT IN HOLSTEIN /// 0 45 61 / 70 11 ///
WWW.NEUSTADT-HOLSTEIN.DE ///

VON FISCHFANG, DEN VITALIENBRÜDERN UND SCHIFFSKATASTROPHEN

Hafen – Neustadt

46

Die zweifellos schönste Art, die kleine Hafenstadt Neustadt / Holstein zu erkunden, ist es, von Niendorf oder Travemünde aus morgens hoch- und in der Abendsonne wieder zurückzusegeln. Aber dieses Privileg haben nur wenige. Die schmucke Kleinstadt im Norden der Lübecker Bucht kann man auch bequem von Lübeck aus über die Autobahn erreichen. Am besten man parkt rechter Hand vor der Brücke, die den Hafen vom Binnenwasser trennt, und flaniert beiderseits der Hafenkaimauer.

Die Geschichte Neustadts geht bis in die Mitte des 13. Jahrhunderts zurück. Als die ›neue‹ Stadt von Altenkrempe, heute ein Dorf weiter nördlich am Binnenwasser, gegründet wurde, erlangte sie dank der geschützten Lage direkt an der Ostsee bald überregionale Bedeutung. Seit 1447 besteht hier die älteste Fischerinnung Deutschlands. Dass der Fischfang nach wie vor eine wichtige Rolle spielt, merkt man, wenn man den Hafen entlangschlendert: Man kann frisch gefangenen Fisch direkt vom Kutter kaufen. Aber auch aus einem anderen Grund konnte Neustadt so rasch gedeihen. Der Ort gehörte nicht dem Hansebund an, und das machte ihn für holländische Kauffahrer und auch für die Vitalienbrüder, unter anderem die berüchtigten Seeräuber um Klaus Störtebeker, interessanter als Lübeck, weil sie keine Stapelrechte beachten mussten. Was zu erheblichen Spannungen mit der wohlhabenden Nachbarstadt führte.

Heute bietet sich vom idyllischen Hafen aus ein friedlicher Blick runter zur Ostsee. Doch leider darf man, wenn man von der Lübecker Bucht schreibt, nicht verschweigen, dass hier in unmittelbarer Nähe eine der größten Schiffskatastrophen der Neuzeit stattfand. Kurz vor Ende des Zweiten Weltkriegs kamen bei der Bombardierung der Cap Arcona und ihrer Begleitschiffe, die mehrere Tausend KZ-Häftlinge an Bord hatten und in der Bucht auf Sichtweite lagen, rund 6.400 Menschen ums Leben. Ein Gedenkfriedhof und ein Museum halten die Erinnerung an die düsterste Zeit Lübecks wach.

✐ Wer sich mehr für das Mittelalter interessiert, sollte einen Abstecher zur Basilika Altenkrempe (13. Jahrhundert) machen. Wen die Ereignisse um die Cap Arcona nicht ungerührt lassen, besucht das Gedenkmuseum in der Innenstadt.

LANDLUFT

FORSTHAUS LÜBECK /// WALDHUSENER WEG 30 /// 23569 LÜBECK ///
04 51 / 98 98 79 79 /// WWW.DAS-FORSTHAUS.DE ///

GASTRONOMISCHES IDYLL
IM HISTORISCHEN FORSTHAUS

Das Forsthaus Lübeck

47

Es begann damit, dass die Lübecker einen Holzvogt in den Waldhusener Forst schickten, um den Holzdieben das Handwerk zu legen. Er wohnte in der Kate von 1715, die noch heute zu sehen ist. Als der Beruf durch die Waldpflege aufgewertet wurde, nannte er sich Förster und zog in das 1765 nach niedersächsischem Vorbild erbaute reetgedeckte Forsthaus. Außerdem erhielt er Ackerland, sodass er den Bauern der Umgebung gleichgestellt war.

Durch den Einsatz wissenschaftlicher Kenntnisse in der Forstwirtschaft reichte reine Erfahrung nicht mehr aus. Man stellte einen akademisch ausgebildeten Forstmann ein, der sich jetzt von den Dorfbewohnern abhob. Um das auch nach außen hin sichtbar zu machen, errichtete man 1807 einen Vorbau und gestaltete eine Parkanlage mit eigener Kutschenauffahrt. Aus der bescheidenen Försterei wurde ein Herrschaftshaus, das mit denen der reichen Lübecker Kaufleute konkurrieren konnte.

Bald entwickelte sich das Forsthaus für Lübecks bessere Gesellschaft zum Lieblingsplatz, wenn man eine Landpartie machten. Darunter auch der Dichter Emanuel Geibel, der hier oft übernachtete und die unvergänglichen Zeilen schrieb:

> Mit dem alten Förster heut
> bin ich durch den Wald gegangen,
> während hell im Festgeläut'
> aus dem Dorf die Glocken klangen.

Im Jahre 2006 ging der letzte Förster in den Ruhestand. 2013 wurde das Ensemble nach aufwendiger Restaurierung wieder zu neuem Leben erweckt. Heute ist es ein Lieblingsplatz für alle, die den Dreiklang Natur, Gastfreundschaft und Historie genießen wollen. »Leibspeisen« nennt der Wirt seine saisonale und heimische Küche: Hirschrücken unter Waldpilzkruste, Ostseedorsch mit karamellisierter Schweinebacke oder Holsteiner Entenbrust auf Rotkohl. Oder man krönt seine Waldwanderung mit einer gemütlichen Runde im Biergarten.

✍ Nach einem kleinen Spaziergang durch den Forst erreichen Sie das über 5.000 Jahre alte Pöppendorfer Großsteingrab, das sogar in Heinrich Manns Professor Unrat eine spannende Rolle spielt.

KARL'S ERLEBNIS-HOF /// FUCHSBERGSTRASSE 4 ///
23626 WARNSDORF /// 0 45 02 / 88 84 32 ///
WWW.KARLS.DE/ERLEBNIS-HOF-IN-SCHLESWIG-HOLSTEIN-SPASS-IN-DER-
FREIZEIT/FAMILIENSPASS-DRAUSSEN/ ///

VON DER ERDBEERE ZUM MAISLABYRINTH
Karl's Erlebnis-Hof in Warnsdorf

48

Erdbeeren, sie lachen von fern mich schon an,
Ich hab' so recht meine Freude dran.
So oft ich sie kostete, hab' ich gedacht,
Gott hat sie wohl nur für die Engel gemacht.

So besang Hoffmann von Fallersleben die Königin der Maifrüchte. Zwar meinte er die Waldbeeren, die aromatischen Winzlinge. Doch dank der Entdeckung und Züchtung großfruchtiger Beeren aus Amerika werden heute in Deutschland leckere Sorten wie die Senga Sengana angebaut. Rund um Lübeck gibt es Plantagen zum Selberpflücken.

Eine dieser Plantagen hat sich zu einem wahren Erlebnispark für Jung und Alt entwickelt. Gerne treffen sich hier die Urlauber, die Abwechslung von Strand und Wasser suchen. Man kann den Park von Niendorf/Ostsee leicht mit dem Fahrrad erreichen, ein schöner Familienausflug. Erdbeeren satt und in allen Variationen: als Naschfrüchte, als Tortenbelag, als Likör oder einfach als Erdbeereis mit Sahne.

Aber das ist erst der Anfang des Vergnügens. Man sitzt an Bänken und Tischen zum Vespern oder schaut bei einem Glas Erdbeerbowle dem bunten Treiben zu. Viele Lübecker kommen her, um frische Landware einzukaufen: Spargel, Kürbisse, Sanddornmarmelade, Blumen, frische Fleisch- und Wurstspezialitäten, Milchprodukte einheimischer Bauern, Bonbons aus der Manufaktur in Rövershagen oder selbst gebackenes Holzofenbrot. Aber auch rustikales Handwerk lockt: Traditionelle Bunzlauer Keramik, Steinguttöpfe oder hölzerne Küchengeräte.

Und vieles, was Kinderherzen höher schlagen lässt. Ponyreiten zum Beispiel. Unter der Woche wird Einzelunterricht im Reiten für Kinder ab drei Jahre und Erwachsene angeboten. Beliebt ist der Spielboden samt Röhrenrutsche, Bobbycar und Holzspielzeug. Natürlich fehlen weder Streichelzoo, Klettergerüst, Hüpfburg noch Mini-Gokart-Bahn. Die schönste Zeit ist zu Weihnachten, wenn der Kunsthandwerkermarkt, das leckere Weihnachtsessen, die Geschenke-Station und die Weihnachtswerkstatt locken.

⍓ In Karls verrücktem Maislabyrinth, das von Ende Juli bis Anfang Oktober geöffnet hat, können Sie sich »maisterlich« verirren.

PALMENHAUS-CAFÉ /// HEIDBERG 1 ///
23730 SIERHAGEN / NEUSTADT IN HOLSTEIN /// 0 45 61 / 55 84 12 ///
WWW.PALMENHAUS-CAFE.DE /// WWW.GUT-SIERHAGEN.DE ///
WWW.GUTSGAERTNEREI-SIERHAGEN.DE ///

UNTER PALMEN –
MITTEN IN DER HOLSTEINISCHEN SCHWEIZ
Palmenhaus-Café – Sierhagen

49

Unweit der Autobahnabfahrt Neustadt, ganz nahe an der Vogelfluglinie, führt eine schmale Straße zum Gut Sierhagen. Es geht vermutlich auf eine Klostergründung im 12. Jahrhundert zurück und steht heute als einzigartiges Gutshof-Ensemble unter der Leitung derer zu Plessen. Eine nachhaltige Land- und Forstwirtschaft sichert seine Zukunft. Aber es ist auch ein beliebter Ort für verschiedene Veranstaltungen, da es durch seine intakte historische Bausubstanz besticht. Die Gutsgärtnerei bietet eine vielfältige Auswahl an Stauden und Topfpflanzen. Gleich nebenan finden Sie ein bemerkenswertes Café.

»Eines der besten Cafés Deutschlands« befand die Zeitschrift *Der Feinschmecker*. Und die Besitzer sind stolz auf die verdiente Auszeichnung. »Hier steckt unser ganzes Herzblut drin und wir geben immer noch alles«, erzählt der Inhaber. Und auch seine Ehefrau ist aktiv: »Schon früher habe ich gern ein oder zwei Kuchen und Torten gebacken, nun sind daraus in Stoßzeiten 30 geworden.« Ich bestelle ein Stück ihrer Erdbeersahnetorte und setze mich auf die Terrasse mitten zwischen die grünen Palmen. Ein herrlicher Platz zum Entspannen. Vom Frühjahr bis spät in den Herbst hinein ist man von einer duftenden Blütenlandschaft umgeben. Der Schulgarten vor der Terrasse lockt mit seinem reichhaltigen Angebot an Zier- und Heilpflanzen, und auch der Rosenliebhaber kommt auf seine Kosten. An manchen Frühjahrstagen kann es hier noch recht kalt sein, dann mache ich es mir im Glashaus gemütlich.

Im Jahre 1689 ließ ein Reichsgraf das Gut zu einem barocken Gartenbetrieb umgestalten. Prachtvolle Blumenbeete wurden angelegt und exotische Palmengewächse aufgestellt. Zur Überwinterung kamen sie in das sogenannte Orangenhaus, aus dem um 1900 das heute denkmalgeschützte Palmenhaus entstand.

An einigen Mittwochabenden lädt das Haus zu Kammermusikabenden oder Lesungen ein. Eine gelungene Mischung aus mediterranem Ambiente und ostholsteinischer Gediegenheit, wie ich finde.

✍ Im Mai lädt das Gut zum beliebten *Ambienta Frühlingsfestival*. Rund 130 Aussteller präsentieren sich zu den Themen Gartenideen, Einrichtungen und Lebensart.

Dieksee, Langensee, Behlersee, Höftsee, Edebergsee. Etwa zwölf Kilometer Wasserweg trennen die Anlegestellen in Malente-Gremsmühlen und Plön-Fegetasche. Vorbei geht's mit dem Ausflugsschiff an kleinen Inseln und romantischen Buchten, an Schilfbänken und Vogelnistplätzen, unter schmalen Brücken und den Baldachinen der weit ausladenden Bäume hindurch. Paddler grüßen, kleine Segelboote kreuzen, nur Motorboote sieht man nicht. Bis auf den der Ausflugsboote darf kein Motor über das Wasser geführt werden.

Zwei Stunden dauert die Rundfahrt. An Bord wird alles geboten, was einen schönen Ausflug ausmacht. Infos über den Bordlautsprecher, Erfrischungsgetränke, Kaffee und Kuchen. Ein idealer Tagesausflug für Familien mit Kindern, denn man kann an einem der drei Anleger die Fahrt unterbrechen und entweder einen Spaziergang machen oder gemütlich in einem der Ausflugslokale einkehren. Besonders schön ist es in Timmdorf, an der schmalen Enge zwischen Langensee und Dieksee. Hier verkehrt im Sommer die Museumsbahn *Hein Schüttelborg*, auf der man auch nach Malente zurückkehren kann.

Leider darf man keine Fahrräder mit auf die Boote nehmen, sodass man die Rückfahrt gleich mit einplanen sollte. Wem so viel Wasser noch nicht genug ist, kann in Fegetasche zur Großen-Plöner-See-Rundfahrt umsteigen. Das wären dann nochmals zwei Stunden pures Wasservergnügen.

Die Holsteinische Seenplatte wird von der Schwentine durchflossen, einem der längsten Flüsse Schleswig-Holsteins. Sie entspringt am Bungsberg, der mit stolzen 168 Meter höchsten Erhebung unseres nördlichsten Bundeslandes, und mündet in die Kieler Förde. Wie die gesamte Holsteinische Schweiz ist auch das umfangreiche Seengebiet während der letzten Eiszeit dadurch entstanden, dass das Eis der zurückschmelzenden Gletscher nicht gleichmäßig abtaute. Es bildete sich Toteis, dessen viel späteres Schmelzwasser die Basis zur Entstehung der Seen schuf. Und so finden wir heute eine abwechslungsreiche Landschaft mit einer lebendigen Flora und Fauna vor.

☞ In Timmdorf befindet sich eine interessante Reetdachkate anno 1788. Hier reifen delikate Holsteiner Katenschinken.

Reiten Sie gern? Dann kommen Sie hierher. Fahren Sie gerne Rad? Dann kommen Sie hierher. Wandern Sie gern? Dann kommen Sie hierher. Lieben Sie geräucherten Schinken? Oder wie wär's mit Paddeln, Inlineskaten, Segeln, Dampferfahren, Ponyreiten oder Kühemelken? Wohl kaum eine andere Gegend im Umfeld Lübecks bietet so mannigfaltige Abwechslungen wie das Herz der Holsteinischen Schweiz, die Seenlandschaft zwischen Plön und Malente. Ich bin hier mindestens einmal im Monat und entdecke jedes Mal Neues.

Eigentlich ist es ein Paradies für Pferdenarren. Viele Gestüte bieten Ponyreiten für Kinder oder einen Reiturlaub für die ganze Familie an. Leider kann ich nicht reiten. Ich ziehe den Drahtesel vor. Von Lübeck geht's mit dem Rad auf dem Autodach nach Niederkleveez, einem verträumten Ort, der mitten zwischen Plön und Malente liegt. Ich parke beim Fährhaus und nehme einen Willkommenstrunk ein. Eine schmale Straße führt über die Landzunge zwischen Langensee und Dieksee. Kurz darauf komme ich nach Timmdorf, wo das Landgasthaus Kasch zu einer Stärkung einlädt. Wenig später entdecke ich eine Reetdachkate anno 1788. Hier reifen Holsteiner Katenschinken etwa sechs bis acht Monate ganz langsam über kaltem, leichtem Buchenrauch. 200 Meter hinter der Bahnüberquerung biegt links ein Weg ab, der sich rasch als Teststrecke für meine Reifen entpuppt. Und nun beginnt eine traumhafte Fahrt durch die Rapsfelder. Immer wieder Gutshöfe und Reitställe. Bald gelange ich zum Wahrzeichen der Region, der Grebiner Mühle. Eine Kellerholländermühle mit Reetdach und Kupferkappe. Bis 1947 betrieben, steht sie heute unter Denkmalschutz und beherbergt ein Dorfmuseum. Nebenan, in einem kleinen Café, wo früher der Müller wohnte, sitze ich auf der Veranda, bestelle eine weitere Stärkung und genieße einen unvergleichlichen Ausblick auf die sanft hügelige Landschaft. Zurück geht's auf der anderen Seite des Schiersensee, wieder vorbei an Gestüten.

Langsam bedaure ich, dass ich nie reiten gelernt habe.

✍ Machen Sie einen Abstecher zum Gut Behl – Ponyreiten, Kühe melken, Käse probieren und mehr …

B 76 VON EUTIN-NEUDORF RICHTUNG PLÖN. AM ANFANG DES FORSTS
RECHTS DER AUSSCHILDERUNG FOLGEN.

BRÄUTIGAMSEICHE /// DODAUER FORST /// 23701 EUTIN ///

EIN HEIMLICHER TREFFPUNKT FÜR VERLIEBTE

Bräutigamseiche im Dodauer Forst

51

Mitten in der Holsteinischen Schweiz, nicht weit von Eutin, steht ein denkwürdiger Baum. In einer alten Sage heißt es:»Junge Mädchen, die dreimal um den Baum herumlaufen, dabei nicht sprechen und nicht lachen, sondern nur an ihren Zukünftigen denken, werden noch in demselben Jahr Braut.« Inzwischen haben sich seine Astlöcher zu einem richtigen Briefkasten entwickelt. Kein Wunder, dass er ein beliebtes Ausflugsziel ist. Der einzige Baum Deutschlands mit eigener Postanschrift.

Umgeben von Buchenwäldern erhebt sich auf einer Lichtung eine mächtige, einzelne Eiche. In dem Bewusstsein, einzigartig zu sein, überragt sie mit ihrer ausladenden Baumkrone die umgebenden Bäume. Einige ihrer Äste sind dicker als die Stämme der schlanken Buchen. Ihre Einzigartigkeit besteht nicht nur in ihrer Pracht. Seit vielen Generationen dienen ihre kopfgroßen Astlöcher als Briefkasten für Liebespaare. Man muss auf eine klapprige Holzleiter steigen, um an die Öffnungen heranzukommen. Inzwischen ist sie so populär geworden, dass sogar der örtliche Postbote verpflichtet wurde, die waghalsige Leiter hinaufzuklettern und Briefe mit der Adresse»Bräutigamseiche, Eutin« ordnungsgemäß zu hinterlegen. So manche glückliche Ehe fand hier ihren Ausgangspunkt.

Eine junge Frau naht. Bei der Eiche angekommen, vergewissert sie sich, dass niemand in der Nähe ist. Dann erklimmt sie wendig, aber klopfenden Herzens die Leiter und langt vorsichtig in ein Astloch. Ein paar nicht an sie adressierte Briefe kommen zum Vorschein. Sie blättert sich durch den Batzen Briefe und hält es für selbstverständlich, sie unangetastet wieder zurückzulegen.

Endlich. Das lang ersehnte Schreiben. Hastig steckt sie es sich in den Ausschnitt ihrer Bluse, um es so nahe wie möglich an ihrem Herzen zu haben. Dann tritt sie vorsichtig den Rückzug an und setzt sich auf eine der rohen Holzbänke rund um die Bräutigamseiche.

✆ Schultern Sie Ihr Fahrrad und parken am Forstweg. Eine herrliche Radtour führt Sie zur Eiche, durch den Dodauer Forst nach Gremsmühlen, entlang des Dieksees bis nach Niederkleveez und über Kreuzfeld zurück.

SCHLOSS EUTIN /// SCHLOSSPLATZ 5 /// 23701 EUTIN ///
0 45 21 / 7 09 50 /// WWW.SCHLOSS-EUTIN.DE ///

EIN SCHLOSS WIE IN EINEM TRAUM
Schloss Eutin

52

Zwei steinerne Paviane weisen den Weg. Im alten Ägypten galten sie als Symbol der Weisheit. Warum sie heute die Schlossbrücke bewachen, kann mir niemand sagen. Fest steht nur, dass sie als Findlinge 1894 beim Bau eines anderen Palastes der Herrschaft ausgegraben und auf seine Weisung nach ägyptischem Vorbild gemeißelt wurden. Das macht das Eutiner Schloss so sympathisch: Dort, wo bei anderen Schlössern in der Regel eine kraftstrotzende Reiterstatue prangt, lädt hier die Weisheit zum Besuch ein.

Nachdem man das imposante Torhaus passiert hat, betritt man den Schlosshof, der, in hellen Farben verputzt, einen überraschenden Kontrast zu den nüchternen Backsteinaußenmauern bildet. Man kann neben dem Brunnen gemütlich an einem der Außentische des Schlosscafés sitzen. Meine Tochter fühlt sich hier wohl, sie träumt davon, Schlossprinzessin zu sein.

Dann schlüpft sie in die Rolle der Sophie Auguste Friederike von Anhalt-Zerbst, der späteren Zarin Katharina die Große, die hier 1739 das erste Mal ihren ungeliebten zukünftigen Gatten Zar Peter III. traf. Man munkelt, die »Große Katharina« hätte an dessen Ermordung aktiv teilgenommen, um sich an die Macht im russischen Reich zu putschen. Meine Tochter liebt solche Geschichten, weshalb sie sich der Schlossführung anschließt und sich im Rittersaal versteckt, deren Fenster zum Hof vermauert wurden, damit an ihrer Stelle großformatige Staatsporträts gehängt werden konnten. Wenn die Besuchergruppe verschwunden ist, eilt sie heimlich zum Europazimmer mit seiner seidenblauen Wandbespannung und dem beeindruckenden Deckenfresko. Seit sie weiß, dass es hier eine Geheimtreppe gibt, ein *escalier dérobé*, über die der Herzog unbemerkt in die Zimmer seiner Gattin gelangen konnte, ist sie auf der Suche nach einem verdeckten Weg zur Schlosskapelle. Dort hat es ihr die Orgel angetan, dessen Prospekt aus dem Jahre 1693 von Arp Schnitger stammt. Ein schöner Grund, hier Hochzeit zu feiern. Ein »geiles« Schloss, wie meine Tochter meint. Nur: Leider gibt's keine Schlossgeister.

✍ Versäumen Sie es nicht, ausgiebig im Schlossgarten spazieren zu gehen. Der im englischen Stil gestaltete Park verbirgt so manche Überraschung.

TOURIST-INFO EUTIN /// **MARKT 19** /// **23701 EUTIN** /// **0 45 21 / 7 09 70** ///
WWW.EUTIN-TOURISMUS.DE ///

Die Rosenstadt Eutin ist nicht nur wegen ihres Schlosses und der schönen Umgebung einen Besuch wert. Ich sitze gerne auf der Sonnenterrasse des Alten Brauhauses bei einem erfrischenden selbst gebrauten Rotbier und schaue dem lebendigen, aber nicht hektischen Treiben zu. Besonders zu Markttagen blüht die Kleinstadt auf. Als ob ganz Eutin und Umgebung sich hier zu einem launigen Marktbummel oder einem gemütlichen Plausch trifft. Doch Eutin ist mehr als nur eine Kleinstadt.

Das Weimar des Nordens wurde Eutin um 1800 genannt. Hier residierten die Großherzöge von Oldenburg, die als Förderer der Künste galten. Der Dichter und Philosoph der Weimarer Klassik Johann Gottfried Herder begleitete einen Eutiner Erbprinzen als Reiseprediger und leitete damit Eutins kulturelle Blüte ein. Hier lebten und wirkten der Sturm-und-Drang-Lyriker Graf Friedrich Leopold zu Stolberg-Stolberg, der Dichter und Homer-Übersetzer Johann Heinrich Voß, der Dramatiker Heinrich Wilhelm von Gerstenberg, der Goethe-Maler Johann Heinrich Wilhelm Tischbein und der Philosoph Friedrich Heinrich Jacobi. Matthias Claudius, Friedrich Gottlieb Klopstock und Wilhelm von Humboldt trafen sich zum Gedankenaustausch. Der *Freischütz*-Komponist Carl Maria von Weber wurde hier 1786 geboren – ein halbes Jahr nach seiner Geburt zogen die Webers allerdings wieder fort. Er selber besuchte die Stadt später zweimal.

Und alle hinterließen ihre Spuren. Wenn man einen kleinen Stadtrundgang macht, findet man an fast jedem Haus rund um den Marktplatz und in der Stolbergstraße eine Gedenktafel. Da empfiehlt es sich, ein Konversationslexikon zur Hand zu haben, um bei all den Namen auf dem Laufenden zu sein.

Darüber hinaus sind die St.-Michaelis-Kirche, die auf das Jahr 1200 zurückgeht, und der Präsentierplatz gegenüber dem Schloss eines längeren Verweilens wert. Im ehemaligen Marstall befindet sich jetzt das Ostholstein-Museum mit Zeugnissen aus Eutins Blütezeit um 1800 und eine Ausstellung zur bürgerlichen Wohnkultur des 18. und 19. Jahrhunderts.

✍ In der Stolbergstaße befindet sich Webers Geburtshaus. Sein Vater war damals Kapellmeister am Eutiner Hof. Eine Tafel erinnert an Eutins bekanntesten Sohn.

TOURIST-INFO EUTIN /// MARKT 19 /// 23701 EUTIN /// 0 45 21 / 7 09 70 ///
WWW.EUTIN-TOURISMUS.DE ///

Eutins berühmtester Sohn, der Komponist Carl Maria von Weber (1786–1826), schuf 1821 den *Freischütz*, die erste deutsche romantische Oper. In ihr spielt der Wald als Raum, in dem man sich heimisch, aber auch von Geistern bedroht fühlt, eine große Rolle. Ob sich der Meister dabei von den Wäldern seines Geburtsorts inspirieren ließ? Versuchen Sie, die Frage selbst zu beantworten, indem Sie eine Wanderung um den Griebeler See machen. Dort gibt es wie in der Oper eine »Wolfsschluchtszene«.

Eine furchtbare Waldschlucht, größtenteils mit Schwarzholz bewachsen, von hohen Gebirgen rings umgeben. Von einem derselben stürzt ein Wasserfall. Der Vollmond scheint bleich. Zwei Gewitter von entgegengesetzter Richtung sind im Anzug. Weiter vorwärts ein vom Blitz zerschmetterter, verdorrter Baum, inwendig faul, sodass er zu glimmen scheint. Auf der anderen Seite, auf einem knorrigen Ast, eine große Eule mit feurig rädernden Augen. Auf anderen Bäumen Raben und andere Waldvögel. Unsichtbare Geister von verschiedenen Seiten. Kaspar, ohne Hut und Oberkleid, doch mit Jagdtasche und Hirschfänger, ist beschäftigt, mit schwarzen Feldsteinen einen Kreis zu legen, in dessen Mitte ein Totenkopf liegt. Einige Schritte davon ein abgehauener Adlerflügel, Gießkelle und Kugelform. Die Uhr schlägt ganz in der Ferne zwölf. Kaspar reißt heftig den Hirschfänger heraus und stößt ihn mitten in den Totenschädel. Dann erhebt er beide, dreht sich dreimal herum und ruft: »Samiel! Samiel! Erschein! Bei des Zaubrers Hirngebein!«

So lauten Webers Regieanweisungen zur berühmten Wolfsschluchtszene. Es ist jedoch zweifelhaft, ob der Komponist durch diese Wälder inspiriert wurde. Ein halbes Jahr nach seiner Geburt kehrten die Eltern Eutin den Rücken und Carl Maria besuchte seinen Geburtsort später nur zweimal kurz (1802 und 1820). Da hat er die Eutiner Wolfsschlucht wohl kaum besichtigt.

✍ Besorgen Sie sich die Karte Holsteinische Schweiz im Maßstab 1:25.000. Unser Weg führt von Griebel aus nördlich um den See und beschreibt ein auf der Spitze stehendes Dreieck. Genau in der Mitte der oberen Seite biegt als Abstecher ein Waldweg nördlich Richtung Wolfsschlucht ab. Gutes Orientierungsvermögen und festes Schuhwerk erforderlich.

FAHRRADVERLEIH GUSTAV HARM /// ACHTER DE MUR 24 ///
23715 BOSAU /// 0 45 27 / 9 70 07 ///
WWW.GROSSEPLOENERSEE-RUNDFAHRT.DE ///
WWW.NIEDERSAECHSISCHES-BAUERNHAUS.DE/ ///

Fahren Sie mit dem Auto nach Bosau, von Lübeck keine 50 Kilometer. An der Tankstelle können Sie sich Fahrräder ausleihen. Eine der schönsten Radtouren führt Sie entlang des Plöner Sees bis hin zur Prinzeninsel. Sportliche Menschen schaffen es rund um den See in vier Stunden. Wem die Luft ausgegangen ist, der kann sich von der Prinzeninsel bequem mit dem Ausflugsdampfer nach Bosau zurückbringen lassen.

Sowie die Drahtesel gesattelt sind, geht es in nördlicher Richtung weiter bis zum Ortsende. Die Tour ist sehr gut ausgeschildert. Schnell erreichen Sie einen Warder, der den Großen Plöner See vom Vierersee trennt. Man passiert wunderschöne Wiesen, der Blick streift über die Seenlandschaft. Wenn Sie ein Zaungitter passieren, achten Sie auf das Verkehrszeichen:»Durchfahrt für eierlegende Osterhasen gesperrt!« Der Pächter hat es aufstellen lassen, weil früher die Städter scharenweise ihre Kinder Ostereier suchen ließen. Bis sich die Tiere an den vergessenen Eiern den Magen verdarben.

Das Gut Ruhleben, heute im Besitz der Modeschöpferin Jil Sander, muss in weitem Bogen umfahren werden. Bald führt ein Waldweg auf die asphaltierte Straße, die bei dem Marinestützpunkt in die B 76 mündet. Bei Fegetasche – der Name soll daher rühren, dass hier früher in einer Zollstation den Reisenden der Geldbeutel leergefegt wurde – kehren Sie links zum Seeufer zurück. Wer hier schon schlappmacht, kann sich per Motorboot zurückbringen lassen. Empfehlenswerter ist, sich hoch bis zur Plöner Uferpromenade durchzukämpfen. Unterhalb des Plöner Schlosses zweigt die Route bald halblinks zur Prinzeninsel ab. Der Name rührt von dem Umstand, dass hier die Söhne des letzten deutschen Kaisers Wilhelm II. die Grundlagen der Landwirtschaft erlernten. Dank einer Senkung des Wasserspiegels im 19. Jahrhundert können wir Plön heute trockenen Fußes betreten. An der Spitze der schmalen Halbinsel befindet sich das Niedersächsische Bauernhaus aus dem 17. Jahrhundert, heute beliebte Einkehrmöglichkeit. Ein idealer Ort, um sich inmitten einer idyllischen Umgebung zu regenerieren. Ein kühles Bier entschädigt Sie für alle Strapazen. Ich hab's bislang noch nie weiter geschafft: Die bequeme Rückreise nach Bosau mit dem Boot ist zu verlockend.

✆ Verzichten Sie auf die Bootsfahrt und steuern Sie das Schloss, den Schlossgarten, das Prinzenhaus und die Plöner Innenstadt an.

TOURIST-INFO EUTIN /// **MARKT 19** /// **23701 EUTIN** /// **0 45 21 / 7 09 70** ///
WWW.EUTIN-TOURISMUS.DE /// **WWW.FORSTHAUS-AM-UKLEISEE.DE** ///

Nördlich von Eutin, dort, wo sich die Holsteinische Schweiz von ihrer schönsten Seite zeigt, liegt ein sagenumwobener See. Ein gemütlicher Wanderweg führt rund um das Gewässer, das an seiner Westseite hoch auf einem Hügel vom spätbarocken Jagdschlösschen beherrscht wird. Von hier streift ein herrlicher Blick über den See, ein Motiv, das bereits berühmte Maler wie Johann Heinrich Wilhelm Tischbein inspirierte.

Vor Urzeiten gab es den See noch nicht. An seiner Stelle bildeten die Bergrücken eine tiefe Senke mit einer fruchtbaren Wiese und einer kleinen Kapelle mittendrin. Oben, wo jetzt das Jagdschlösschen steht, befand sich die Burg eines wilden Ritters. Der hatte sich in ein schönes Bauernmädchen verliebt, das jeden Tag die Pferde ihres Vaters auf die Weide führen musste. Der Ritter umwarb das Mädchen so lange, bis es ihn eines Tages erhörte und er ihm vor dem Altar der Kapelle die Treue schwor. Doch die Zeit ging ins Land, und der Ritter besann sich eines Besseren und wollte eine reiche Gräfin heiraten.

Die Hochzeit fand in der kleinen Wiesenkapelle statt. Nachdem der Prediger seine Rede gehalten hatte und das Kirchenglöckchen schlug, erschien das Bauernmädchen und erhob den Zeigefinger gegen den untreuen Ritter. Im gleichen Augenblick brach ein derartig schreckliches Gewitter herunter, dass sich die Senke in Windeseile mit Wasser füllte. Nur die Braut, der Prediger und ein kleines unschuldiges Mädchen konnten sich retten. Seither gibt es den Ukleisee. Und gelegentlich hört man die mahnende Glocke der kleinen Wiesenkapelle. Der Dichter Emanuel Geibel schrieb:

Von Hügeln dicht umschlossen, geheimnisvoll
Verhüllt in Waldnacht dämmert der Uglei-See,
Ein dunkles Auge, das zur Sonne
Nur um die Stunde des Mittags aufblickt.

Weltfremdes Schweigen waltet hier umher, es regt
Kein Hauch des Abgrundes lauteren Spiegel auf,
Nur in des Forstes Wipfeln droben
Wandelt wie ferner Gesang ein Brausen.

✍ Auch wenn der Rundweg um den See nicht sonderlich anstrengend ist, so lohnt sich doch auf halbem Wege die Einkehr im Waldrestaurant Forsthaus am Ukleisee.

KLOSTER CISMAR /// **BÄDERSTRASSE 42** /// **23743 GRÖMITZ / CISMAR** ///
0 43 66 / 10 80 /// **WWW.SCHLOSS-GOTTORF.DE** ///

WENN MÖNCHE STRAFVERSETZT WERDEN

Kloster Cismar

Das Kloster Cismar liegt etwa 50 Kilometer nördlich von Lübeck, ist jedoch geschichtlich eng mit der Hansestadt verbunden. Die Anlage aus dem 13. Jahrhundert birgt nicht nur mittelalterliche Schätze, die einen Besuch wert sind. In der Saison von Ostern bis Oktober finden dort bemerkenswerte Ausstellungen namhafter zeitgenössischer deutscher Künstler statt. Der Ort empfiehlt sich auch als Ausflugsziel für die ganze Familie wegen der schönen Naturerlebnisse und einer ausgewogenen Gastronomie.

Früher war das anders: »Im Jahre 1247 zogen die Mönche zu S. Johanniskloster, wiewohl ungern, aus Lübeck nach Cismar. Aber es wollte nicht anders sein; denn statt der guten Werke, deren sie sich so trefflich gerühmt, haben sie greuliche Unzucht im Kloster getrieben, dass es auf die Länge zu grob geworden. Sonderlich hatten sie ein neues Schelmstück erdacht mit den Schifferfrauen. Einer der gottlosen Mönche hat das Barbierhandwerk erlernt und vielen solcher Weiber im Kloster die Haare abgeschnitten, ja eine runde Platte geschoren, damit sie um so leichter in Mönchstracht im Kloster ein- und ausgehen und bei Tag und bei Nacht unvermerkt bleiben möchten.«

So beginnt eine lübische Sage. Sie beruht auf Tatsachen und beschreibt die Zeit nach der Gründung des Lübecker Johannisklosters. Als dort auch Nonnen aufgenommen wurden, benahmen sich einige Klosterbrüder den Damen gegenüber recht unkeusch, sodass der Landesherr gezwungen war, sie aufs Land strafzuversetzen. Anfangs murrten die Mönche, doch bald entwickelte sich das Kloster Cismar zu einer einträchtigen Pfründe vor allem wegen seiner Reliquien, die es zu einem bedeutenden Wallfahrtsort machte. Mit der Reformation 1544 hörte das auf. Übrig geblieben ist bis heute einer der ältesten gotischen Flügelaltäre. Der vordere Teil der Kirche dient als Ausstellungstrakt des Gottorfer Landesmuseums. Gegenüber, im ehemaligen Refektorium, speisen nicht mehr Mönche, sondern hungrige Besucher. Der stimmungsvolle Klosterhof lädt zum besinnlichen Verweilen ein.

✎   Im umgebenden Park lässt es sich schön wandern. Mit etwas Ausdauer schafft man's bis zum Strand.

MUSEUMSHOF LENSAHN /// PRIENFELDHOF /// 23738 LENSAHN ///
0 43 63 / 9 11 22 /// WWW.MUSEUMSHOF-LENSAHN.DE ///

Museumshof Lensahn

Wie oft war ich mit meiner Tochter hier und immer gab es Neues zu entdecken. Die Tiere, die Trecker, die Jungbaumpflanzungen. Jedes Mal war es ein gelungener Familienausflug. Eine halbe Stunde Autofahrt von Lübeck entfernt. Noch heute sitzen wir gerne bei einem Bier und einer zünftigen Bratwurst in der rustikalen Gaststube des Museumshofs Lensahn, der auf dem 200 Jahre alten Prienfeldhof liegt.

Ideal für Familien mit Kindern. Sie klettern auf die Trecker, pflügen mit dem Karrenpflug, wiegen sich auf einer alten Dezimalwaage, drehen den Schleifstein, bewegen den Göpel oder mahlen das Korn. Auf den Weiden laufen Pferde, Schafe, Ziegen und Schweine herum, und niemanden stört es, wenn die Kinder sie streicheln oder füttern. Natürlich darf ein Spielplatz nicht fehlen, samt Grillplatz für das Picknick. Mich interessiert immer wieder die Sammlung der alten Trecker und Hofgeräte. Über 4.000 historische Exponate. Und alle zum Anfassen. Nicht nur die Kinder lernen eine Menge über das Leben unserer Vorfahren, auch die Erwachsenen können sich weiterbilden. Zum Beispiel über die Obstbäume oder die Getreidesorten. Da hat sich über die Jahrhunderte nur wenig verändert. Das erlebt man hautnah, wenn man einen der Naturlehrpfade erkundet. Wunderschön ist auch der Kräuter- und Blumengarten. Im Frühjahr und Sommer duften hier die Pflanzen um die Wette.

Für Schulen werden besondere Programme angeboten. So wird beim Brötchenbacken der Teig geknetet, in Form gebracht und abschließend gebacken. Bei der Aktion »Schrot und Korn« können die Schüler pflügen, von Hand die Saat auswerfen, Getreide mahlen und Waffeln backen. Bei allen Aktionen wird das vollendete Werk natürlich ganz warm und frisch aufgefuttert.

Alles in allem ein Beispiel für eine Natur, die im Einklang mit dem Menschen steht. Das kann man von den Ahnen lernen. Das ließe sich aber auch auf die heutige Landwirtschaft übertragen. Wenn man nur will.

✍ Versäumen Sie nicht eines der legendären Wochenendfeste: den Reetdach-Tag, das Traktoren-Oldtimertreffen oder die Fledermausnacht.

> Die Kutsche rollt durch atmende Pastelle.
> Wir ziehn den Hut. Die Kutsche rollt vorbei.
> Die Zeit versinkt in einer Fliederwelle.
> O, gäb es doch ein Jahr aus lauter Mai!

So heißt es in einem Gedicht von Erich Kästner. Wenn Sie die Holsteinische Schweiz im Mai besuchen, können Sie diese Welle direkt auf der Haut spüren. Geruch von blühendem Raps und Flieder, das frische Klingeln der Glockenstränge, die die Kutschpferde tragen müssen, damit sie im Verkehr bemerkt werden.

Mitten in dieser Landschaft liegt der Hof der Familie. Auf den ersten Blick sieht er aus wie viele Gehöfte ringsum. Doch im Innern birgt er kleine Kostbarkeiten. Allen voran eine zierliche, 160 Jahre alte Barouche, eine offene Repräsentationskutsche für den Hochadel mit klappbarem Verdeck. Schließlich wollte man vom Volk gesehen und gehuldigt werden. Heute befördert sie Schützenkönige oder ein frisch vermähltes Hochzeitspaar. Man kann aber auch eine der beiden weißen Hochzeitskutschen nutzen: die elegante Viktoria oder das etwas gediegenere Coupé. Für ein Jubiläum bietet sich eine Fahrt im sportlichen Jagdwagen oder in der gemütlichen Wagonette an. Und die Vatertagsgesellschaft feiert auf dem Barwagen. Bis zu 19 Väter (Mütter dürfen auch mit!) fasst dieses rollende Open-Air-Lokal. Denn die Kutsche hat eine Gaststättenkonzession.

Ein reichhaltiges Angebot nicht nur an individuellen Kutschtypen, sondern auch an Ausflugszielen. Beliebt ist eine Rundfahrt durch die Rapsblütenlandschaft oder durch die Eutiner Altstadt (inklusive Schlossbesichtigung). Ich persönlich ziehe die Kutschfahrt rund um den Ukleisee vor. Herrlich, diese Ruhe, der Anblick des sagenumwobenen Talkessels, der Geruch der Lindenbäume, in den sich gelegentlich der von Pferdeäpfeln einmischt. Die Holsteiner (sowohl die Pferderasse als auch die Einheimischen) sind geduldig, und das Gespann von Schimmel und Fuchs vor einer Kutsche passt gut in diese Landschaft.

✍ Anschließend auf dem Hof: Mut zum Holsteiner 6-Kampf, bei dem Sie neben Geschick auch Lachmuskeln benötigen. Vom Gummistiefelweitwurf bis zum Kirschkernspucken.

TOURISTIK-INFORMATION BOSAU /// BISCHOF-VICELIN-DAMM 11 ///
23715 BOSAU /// 0 45 27 / 9 70 44 ///
WWW.KIRCHE-BOSAU.DE /// WWW.LUFTKURORT-BOSAU.DE ///

Der Luftkurort Bosau mit seinen 3.500 Seelen liegt eine Dreiviertelautostunde nordwestlich von Lübeck entfernt im schönsten Teil der Holsteinischen Schweiz. Mit 100.000 Übernachtungen pro Jahr hat er sich zum Tourismuszentrum entwickelt. Entsprechend ist das Angebot in den geschmackvoll eingerichteten Bauernhausläden und -cafés. Aber keine Angst vorm Trubel. Der entfaltet sich allenfalls am Anleger der Ausflugsschiffe. Gehen Sie rüber zur Kirche. Von dort können Sie geruhsam über den Plöner See blicken.

Was diese Gegend betrifft, ist die Geschichte der Spannungen zwischen Ost und West alt. Wenn man will, 1300 Jahre alt. Um 700 n. Chr. drangen die ersten slawischen Stammesverbände von Osten her in das weitgehend entvölkerte Gebiet der südwestlichen Ostseeküste ein. Bereits um 740 errichteten die Abodriten einen Burgwall auf dem Bosauer Bischofswarder. Im 12. Jahrhundert gewannen dann die von Westen her vorrückenden Sachsen nach langem und blutigem Hin und Her die Oberhand. 1156 wurde Helmold, der Verfasser der berühmten *Slawenchronik*, Pfarrer in Bosau. In dieser Zeit wurde Bosau zum Missionsstützpunkt des Oldenburger Bischofs Vizelin, der für viele Kirchengründungen in der Region sorgte.

An die Rechte der alteingesessenen Slawen dachte niemand mehr. Überall im Westen wurden Siedler angeworben. Helmold schrieb dazu: »… daß jeder, der zu wenig Land hätte, mit seiner Familie kommen sollte, um den schönsten, geräumigsten, fruchtbarsten, an Fisch und Fleisch überreichen Acker neben günstigen Weidegründen zu erhalten.«

Die heutige Gestalt der Kirche stammt von 1200, wobei Teile der Seitenschiffswände wohl auf einen Vorgängerbau von Bischof Vizelin zurückgehen. Später diente die wehrhafte Kirche als Stützpunkt gegen die Slawenaufstände. Von den Streitigkeiten zwischen Germanen und Slawen ist nichts mehr zu spüren. Im Gegenteil. Heute führt ein gebürtiger Russe die erfolgreiche Internationale Sommerakademie Bosau. Weltstars wie die Lübecker Klarinettistin Sabine Meyer vereinen mit ihrer Musik Ost und West.

✒ Vom Anleger Bosau können Sie mit dem Ausflugsdampfer einen Abstecher nach Plön und auf die Prinzeninsel machen. Empfehlenswert für Familien mit Kindern.

HINAUS AUFS LAND –
DORT, WO DAS ALTE JUNG GEBLIEBEN IST

Pronstorf am Wardersee

58

Das kleine Dorf Pronstorf liegt 18 Kilometer nordwestlich von Lübeck. Ein Katzensprung mit dem Auto, aber auch für geübte Radfahrer geeignet. Und es lohnt sich, denn es bietet alles, was die Lübecker Umgebung so schön macht. Vor allem bei gutem Wetter und während der Rapsblüte: frische Landluft, liebliche Hügel, internationale Musikkultur in der Gutshofscheune, eine Kirche aus dem 12. Jahrhundert, ein Wäldchen zum Wandern, ein See zum Träumen, Hünengräber und Sauerfleisch.

Kennen Sie Sauerfleisch nach Holsteiner Art? Wohl kaum, denn nirgendwo in Deutschland gibt es Vergleichbares. Weder Rippchen noch Sülze noch Sauerbraten, Sauerfleisch eben. Ich verrate Ihnen das Rezept nicht. Kehren Sie im Pronstorfer Krug ein und bestellen Sie Sauerfleisch mit Bratkartoffeln. Nach meinem Geschmack wird es hier am besten zubereitet. Dazu ein kühles Bier, einen herrlichen Blick auf die hügelige Landschaft, Geruch von Rapsblüten, Sonne auf der Stirn und Glockenklang von der nahen Kirche. Traumhaft! Nachdem Sie sich gestärkt haben, können Sie einen kleinen Spaziergang zum See machen, vorbei an unberührten Hünengräbern. Lassen Sie auf keinen Fall einen Besuch der Kirche aus. Die romanische Feldsteinkirche wurde wahrscheinlich über einer Opferstätte der slawischen Wenden errichtet, um die Christianisierung voranzutreiben.

Man fühlt sich Jahrhunderte zurückversetzt und dennoch jung, denn der Ort ist lebendig. Im Sommer finden in einer Scheune des Gutshofs renommierte Konzerte im Rahmen des Schleswig-Holstein-Festivals statt. Dann sind die umliegenden Wiesen von angereisten Städtern bevölkert, die hier ihr Picknick machen und unbekümmert, wenn sie gerade mal Lust haben, in die Scheune pilgern, um sich ein musikalisches Highlight anzuhören. Fast den ganzen Tag werden Konzerte angeboten. Die Qual der Wahl ist groß. Oder man flaniert zu den Kunst- und Antiquitätenausstellungen. Oder streift einfach durch das weitläufige Gutsgelände. Landluft beflügelt eben.

✍ Der Wirt des Pronstorfer Krugs empfiehlt (neben Sauerfleisch): »Unsere Gegend ist ein Paradies für Inlineskater.«

STIFTUNG SCHLOSS AHRENSBURG /// LÜBECKER STRASSE 1 ///
22926 AHRENSBURG /// 0 41 02 / 4 25 10 ///
WWW.SCHLOSS-AHRENSBURG.DE ///

Kennen Sie Schubiduh, das Schlossgespenst? Nein? Dann kommen Sie mit ins Schloss Ahrensburg. Nehmen Sie Ihre Kinder mit, die wird das auch interessieren. Und decken Sie sich vorher mit Popcorn ein. Denn Schubiduh erscheint nur, wenn es Kinder Popcorn knacken hört. Es isst nämlich gern Popcorn. Schubiduh soll ein Kind sein, das sich beim Bau des Schlosses 1585 im Keller versteckte, weil es Popcorn geklaut hatte und aus Versehen eingemauert wurde. Nun geistert es im Schloss herum.

Wie ein Märchenschloss wirkt der zierliche Renaissancebau. Aber er ist kein Schloss, sondern ein Herrenhaus, weil es nie Residenz eines Landesfürsten war. Die Familie derer zu Rantzau, ein Geschlecht dänischer Feldherren, bewohnte es sieben Generationen lang. Wirtschaftliche Engpässe zwangen sie, es 1759 an den Hamburger Patrizier Schimmelmann zu verkaufen. Der verwandelte das verschuldete Gut in eine großbürgerliche Residenz, die auch Könige besuchten. Heute ist eine Stiftung Träger dieses einmaligen Kulturdenkmals.

Eine Steinbrücke über den Schlossgraben führt uns in die Eingangshalle. Die Kassiererin drückt Ihnen einen Audioguide in die Hand. Sie ahnt nicht, dass sich Schubiduh bereits in der Sprechmuschel verkrochen hat. Zur Besichtigung müssen Sie Pantoffeln anziehen. Damit Sie Schubiduh nicht wecken, meint die Kassiererin. Aber sie irrt sich, denn das Gespenst hat längst den Duft von Popcorn gerochen, während Sie den prachtvollen Speisesaal mit der hölzernen Täfelung betreten. Das war seinerzeit neueste Mode und löste die aufwendigen Seide- oder Lederbespannungen der Wände ab. »Louis-Seize-Stil«, flüstert Ihnen Schubiduh ins Ohr. Im zweiten Stock meldet sich das Gespenst erneut. Wenn Sie das Elternschlafzimmer betreten, verrät es Ihnen, dass erst seit dem Biedermeier vornehme Eheleute Seite an Seite ihr Bett teilten. Vorher war das nur Sitte beim einfachen Volk. Lassen Sie sich jetzt nicht überreden, mit Ihrer Frau in getrennten Zimmern zu schlafen. Geben Sie Schubiduh etwas Popcorn, damit wieder Ruhe einkehrt.

☞ Sie können die Schlossräume auch für Kindergeburtstage, Hochzeiten oder Jubiläen buchen.

Was kommt dabei heraus, wenn sich ein Zahnarzt und eine Mathelehrerin zusammentun und ihr Leben neu gestalten? Eines der gemütlichsten Hotel-Restaurants Lübecks. Abseits vom hektischen Stadtbetrieb liegt der ehemalige Gutshof im Süden der Hansestadt. Am Rande eines Dorfs am Elbe-Lübeck-Kanal, auf dessen Vorläufer die sogenannten Stecknitzfahrer im 15. Jahrhundert in mühseliger Arbeit das Gold des Nordens, das Salz, von Lüneburg nach Lübeck brachten, damit der frisch gefangene Hering konserviert werden konnte.

Heute ist von der schweißtreibenden Arbeit nichts mehr zu spüren. Im Gegenteil. Das Ringhotel Friederikenhof, das nur etwa zehn Autominuten von der historischen Altstadt entfernt liegt, bietet komfortable Zimmer, Tagungsräume und ein Restaurant samt Biergarten.

Der ehemalige Schweinestall dient heute als Bankettsaal für größere Gruppen. Das Hotel ist in der alten Scheune untergebracht. Vom Garten aus sehen Sie die berühmten Türme Lübecks. Das Gutshaus beherbergt das Restaurant. Ein sympathischer Familienbetrieb, was man an vielen kleinen Details erkennt. Der Hausherr hat eigenhändig dafür gesorgt, dass das Originalständerfachwerk samt Kamin erhalten blieb. Die rustikale Bauernhausidylle verbindet sich perfekt mit den gehobenen Komfortansprüchen eines modernen Restaurantbetriebs. Die Dame des Hauses ist für die Innenausstattung zuständig, die sie geschmackvoll aus freundlich wirkenden Stoffen und handwerklich ansprechenden Unikaten zusammenstellt. Der Küchenchef legt Wert auf regionale Küche mit mediterranem Flair. Nicht von ungefähr gewann sein 7-Türme-Gericht einen ersten Preis: die Oberbüs-SAU-er (Filet und Bauch vom Susländer Schwein mit Pflaumenchutney, Sauerkrautküchlein und Erbsenpüree). Der Schriftsteller Günter Grass feiert hier gerne runde Geburtstage.

Besondere Arrangement-Angebote vereinen geschickt Wohn- und Esskultur. Zum Beispiel »Schmetterlinge im Bauch – Für Verliebte«: zwei Übernachtungen samt Sektfrühstück, 5-Gänge-Candle-Light-Dinner, Saunabenutzung und Leihfahrräder.

✍ Wenn Sie viel Zeit mitbringen, machen Sie einen Abstecher in das mittelalterliche Lüneburg samt seinem Salzmuseum. Hier können Sie erleben, wie das Salz gewonnen wurde und selber eine Prise schöpfen.

**ERLEBNISBAHN RATZEBURG GMBH /// AM BAHNHOF IM ZUG ///
23911 SCHMILAU /// 0 45 41 / 89 80 74 ///
WWW.ERLEBNISBAHN-RATZEBURG.DE ///**

MIT DER DRAISINE UNTERWEGS – IM BAUMHAUS ÜBERNACHTEN
Hollenbek bei Ratzeburg

Wo einst Kaiser Wilhelm II. mit dem Zug von Berlin nach Kiel reiste, um seine Ostseeflotte zu inspizieren, tummeln sich heute Kinder und jung gebliebene Erwachsene. Während der Monarch erster Klasse durch die schöne Landschaft streifte, mühen sich die heutigen Gäste im Schweiße ihres Angesichts ab, mit der Handhebeldraisine von Hollenbek nach Ratzeburg zu fahren, was überraschenderweise sehr viel Spaß macht. Dort winkt eine Radtour übers Wasser mit dem Hydrobike, und hier lockt der Tiefschlaf im Baumhaus.

Die Bahnstrecke zwischen Ratzeburg und Hollenbek, auch »Kaiserbahn« genannt, hat eine bewegte Vergangenheit. Gebaut wurde sie Ende des 19. Jahrhunderts auf Befehl Kaiser Wilhelms II. Zwar gab es schon Zugverbindungen, aber der Kaiser wünschte sich eine direktere. Man sagt, der Kaiser habe ein Lineal auf die Landkarte gelegt, um den Verlauf der Strecke grob zu umreißen. Gelegentlich führt sie über Brücken, deren Sinn heute nur auf den zweiten Blick zu erraten ist. Beispielsweise mitten durch zwei Rapsfelder. Die Erbauer wollten, dass die Bauern keine großen Umwege fahren mussten, um mit ihren Fuhrwerken zu ihren Feldern zu gelangen. Einige Brücken stehen unter Denkmalschutz. Beispielsweise die Monierbrücke, benannt nach dem Erfinder der Beton-Maschendraht-Konstruktion, einem Vorläufer des heutigen Stahlbetons. Eine zweite Brücke dieser Art befindet sich im Fredeburger Forst, die Weiße Brücke, über die ein Waldweg führt. Bei Schmilau steht die aus Backsteinen gemauerte Rote Brücke.

Auf dem Hollenbeker Bahnhof gibt es eine Reihe abenteuerlicher Übernachtungsmöglichkeiten: geräumige Jugendzug-Ferienwohnungen, eine Gleisbauersuite und ein Baumhaus. Alles selbstverständlich mit modernstem Komfort. Die Idee zu dem Baumhaus entstand, nachdem gegen Ende des Zweiten Weltkriegs hier ein Munitionszug bombardiert wurde. Die Wucht der Explosion warf Teile der Waggons bis in die Baumkronen. Warum also nicht mal auf einem Baum übernachten?

🖉 Die 3-Muskeltour (zu Land, zu Wasser, zu Schiene) ist der ultimative Ausflug für Familien mit Kindern und alle, die Abwechselung lieben. Für durchschnittlich unsportliche Leute geeignet.

Möllns Lage im Süden Lübecks war im Mittelalter von strategischer Bedeutung für den Salzhandel. Der kostbare Rohstoff wurde in Lüneburg gewonnen und über die Salzstraße beziehungsweise den Stecknitzkanal in die Hansestadt transportiert, wo es als Konservationsmittel für den Fischfang wertvolle Dienste leistete. Zeitweise gehörte Mölln zu Lübeck. Aber als man merkte, dass die Unkosten höher als die Zolleinnahmen waren, trennten sich die Wege. Heute fahren die Lübecker wieder gerne hierher.

Am schönsten präsentiert sich Mölln auf dem Marktplatz. Während man gemütlich bei einem Alsterwasser vor einem Straßencafé sitzt, kann man das Treiben rund um das mittelalterliche Fachwerkhausambiente genießen. Doch Vorsicht! Sollte ein Hochseil quer über den Marktplatz gespannt sein, müssen Sie auf der Hut sein. Sonst sitzt Ihnen der Schalk im Nacken, Mölln ist nämlich die Till-Eulenspiegel-Stadt. Der Titelheld des Volksbuchs aus dem 16. Jahrhundert soll hier begraben liegen. Es ist gut möglich, dass sein Geist noch heute durch die Gassen schleicht. Bleiben Sie unauffällig sitzen und ziehen Sie keinesfalls Ihre Schuhe aus. Sonst ergeht es Ihnen wie denen zu Kneitlingen an der Saale: Als man dort Eulenspiegel wegen eines unfreiwilligen Bades im Fluss verspottet hatte, wollte der sich rächen und zog ein Seil über die Saale. Das Volk sammelte sich, und Eulenspiegel sprach: Jeder solle ihm seinen linken Schuh geben, er wolle ihnen mit den Schuhen ein hübsches Stück auf dem Seil zeigen. Die Leute glaubten das, zogen die Schuhe aus und gaben sie Eulenspiegel. Der verknotete sie auf einer Schnur und stieg damit auf das Seil. Als er nun dort saß und seine Kunststücke machte, rief er: »Jeder gebe acht und suche seinen Schuh wieder!« Und damit schnitt er die Schnur entzwei und warf die Schuhe auf die Erde, sodass ein Schuh über den anderen purzelte. Da fielen sich alle in die Haare und begannen sich zu prügeln. Derweil saß Eulenspiegel auf dem Seil, lachte und rief: »He, sucht nun die Schuhe, wie ich kürzlich ausbaden musste!« Und er lief von dem Seil und ließ die Leute sich um die Schuhe zanken.

✍ Streicheln Sie beim Weggehen die Füße der Eulenspiegelstatue. Dann lässt sein Geist Sie in Ruhe und verfolgt Sie nicht.

HOTEL – RESTAURANT FARCHAUER MÜHLE /// FARCHAUER MÜHLE 6 ///
23909 RATZEBURG / FARCHAU /// 0 45 41 / 8 60 00 ///
WWW.FARCHAUER-MUEHLE.DE /// WWW.SCHIFFAHRT-RATZEBURG.DE ///

Ursprünglich war Ratzeburg eine Insel. Durch die Aufschüttung von Dämmen entstanden vier Teilabschnitte. Der Große Ratzeburger See und der über die Römnitzer Enge angeschlossene Domsee sind mit ihrer Länge von etwa zehn Kilometern ein Mekka für den Wassersport. Der im Südosten liegende Kleine Küchensee wird wegen seiner überschaubaren Größe von den Einheimischen spöttisch als Spucknapf bezeichnet. Der Große Küchensee im Süden ist in meinen Augen ein Juwel, weil er ein ideales Wanderparadies bildet.

Am besten parkt man in der Nähe der Anlegestelle der Ratzeburger Seeschifffahrt. Dann geht es zu Fuß in östliche Richtung. Sofort lockt ein Eisstand, vor dem in der Regel eine lange Schlange steht. Nicht ohne Grund, denn hier gibt es das beste Eis Norddeutschlands. Wenn Sie sich gestärkt haben, führt der Weg längs der mondänen Uferpromenade und über den Kleinbahndamm. Danach geht es den Küchensee entlang zur Waldesruh, einst Kurhotel, heute Seniorenheim. Von hier bieten sich die schönsten Ausblicke auf den See. Kurz bevor man seinen südlichen Zipfel erreicht, scheint ein großes Backsteinhaus durch die Büsche. Hier befand sich bis vor Kurzem das größte Wasserkraftwerk Schleswig-Holsteins. Bei einer Fallhöhe von 30 Metern ersetzte es rund 430.000 Liter Heizöl jährlich. Offenbar lohnt sich das heute nicht mehr, denn es wurde als Wohnhaus umfunktioniert.

Wir erreichen schnell unser Ziel, die Farchauer Mühle. Hier kann man wunderbar einkehren und die Natur genießen. Bereits 1582 errichtet, diente sie als Walk-, später als Graupenmühle. 1850 erhielt der Müller erstmals Schankerlaubnis, und seither entwickelte sie sich zu einem beliebten Ausflugsziel und Hotelbetrieb.

Wenige Schritte weiter westlich trifft man auf ein schön gelegenes Gut, die ehemalige Papiermühle, heute eine Ferienwohnanlage der gehobenen Klasse. Ein idyllischer Waldweg führt uns zum Ausgangspunkt zurück. Wem die nötige Kondition fehlt, kann von Farchau aus auf den Ausflugsdampfer zurück nach Ratzeburg nehmen.

✍ Es lohnt sich ein Abstecher hoch zur stimmungsvollen Kirche St. Georg auf dem Berge, deren Geschichte bis in das Jahr 1066 dokumentiert ist.

TOURIST-INFORMATION RATZEBURG /// UNTER DEN LINDEN 1 ///
23909 RATZEBURG /// 0 45 41 / 8 00 08 86 /// WWW.RATZEBURG.DE ///

Lübeck und Ratzeburg eint so manches, nicht nur die Wakenitz, die Alte Salzstraße oder die Kaiser-Wilhelm-Bahn. Beide sind Städte, deren Zentrum den charmanten Charakter einer Insel haben. Und beide wurden auch von dem gleichen Herrscher gegründet: Heinrich dem Löwen, dem Herzog der Sachsen aus dem Geschlecht der Welfen. Streng genommen war er nicht der Gründer, sondern der Erneuerer, denn beide Orte waren zuvor fest in Slawenhand. In beide trug Heinrich das Christentum mit Wort und Schwert.

Heute präsentiert sich die Kreisstadt des Herzogtums Lauenburg als Segler- und Rudererparadies und als quicklebendige Kleinstadt. Das Zentrum ist nur über künstlich aufgeschüttete Dämme zu erreichen. Ähnlich wie in Lübeck liegt der Marktplatz auf der Höhe eines flachen Hügels. Zu allen Seiten hin fallen die Gassen ab, und der Besucher weiß meist nicht, welchen Weg er wählen soll, westlich über die Einkaufsmeile zum Anlegeplatz der Ausflugsdampfer, südlich zur Uferpromenade am Küchensee, östlich zum Seglerzentrum oder nördlich ins Domviertel.

Mich zieht es ins Domviertel. Im Park neben dem A. Paul Weber Museum gibt es eine Reihe von Bänken, von denen aus man fernab vom Stadtverkehr einen wunderbaren Blick auf den Ratzeburger See mit seinem regen Segelbetrieb und den grünen Uferpromenaden hat. Gelegentlich finden hier an Sommerabenden Freiluftkonzerte statt. Passenderweise steht oft Händels Wassermusik oder – in Verbindung mit einem pyrotechnischen Erlebnis – dessen Feuerwerksmusik auf dem Programm. Gleich daneben befindet sich in einer ehemaligen herzoglichen Sommerresidenz das Kreismuseum. Das barocke Palais gilt als bedeutendster Profanbau Ratzeburgs und birgt einen im Rokoko gehaltenen Festsaal. Weiter führt der Weg über den Domhof, der von einer monumentalen Replik des Braunschweiger Löwen beherrscht wird, eine Huldigung an den Stadtgründer. Höhepunkt ist der 1160 erbaute Dom. Nicht nur geografisch, sondern als ein herausragendes Zeugnis romanischer Backsteinarchitektur.

☞ Nahe der Anlegestelle finden Sie eine unscheinbare Hütte, vor der sich regelmäßig eine lange Schlange bildet: Hier gibt's das beste Eis Norddeutschlands!

A. PAUL WEBER MUSEUM /// DOMHOF 5 /// 23909 RATZEBURG ///
0 45 41 / 8 60 72 /// WWW.WEBER-MUSEUM.DE ///

ERNST BARLACH MUSEUM RATZEBURG /// BARLACHPLATZ 3 ///
23909 RATZEBURG /// 0 41 03 / 91 82 91 ///
WWW.ERNST-BARLACH.DE/HTML_CONTENT/RATZEBURG.HTML ///

A. PAUL WEBER UND ERNST BARLACH

Künstler in Ratzeburg

64

Viele bringen den Namen Ratzeburg in Verbindung mit der Ruderakademie und dem legendären Ruderprofessor Karl Adam, der Deutschland zu zwei olympischen Goldmedaillen verhalf. Dass der Wassersport in Ratzeburg eine große Rolle spielt, erklärt sich unter anderem durch seine Lage. Die Inselstadt hat jedoch auch auf dem Gebiet der Bildenden Kunst einiges zu bieten. Zwei großen Künstlern wurde hier ein Museum gewidmet: Ernst Barlach (1870–1938) und A. Paul Weber (1893–1980). Das A. Paul Weber Museum wurde im Jahre 1973 von Bundespräsident Gustav Heinemann eröffnet. Weber wirkte intensiv an der Renovierung des historischen Gebäudes und an dessen Gestaltung mit. An der Nordseite befindet sich Webers Grab, eine im Rasen eingelassene Steinplatte. Die Sammlung in den 23 Räumen vermittelt einen Eindruck vom Schaffen des Lithografen, Zeichners und Malers. Am meisten fasziniert mich die Narren-Serie. Die geistige Nachbarschaft zur Eulenspiegel-Stadt Mölln, nur neun Kilometer entfernt, ist unverkennbar. *Eulenspiegel auf der Brücke, Wie sagen's wir dem Volke?* und *Zwischen den Stühlen* hängen als Kopien in meinem Wohnzimmer. Geduld, wissendes Schweigen und listige Tarnung sind die Eigenschaften der Weber'schen Narren.

Der Bildhauer, Schriftsteller und Zeichner Ernst Barlach, dessen Grab sich auf dem Ratzeburger Vorstadtfriedhof befindet, verbrachte einen Teil seiner Jugend in dem sogenannten Alten Vaterhaus, das ihm heute als Museum gewidmet ist. Plastiken, Zeichnungen, Grafiken und Holzschnittzyklen bis hin zum Güstrower Spätwerk werden im Erdgeschoss gezeigt. Beklemmend muten seine Werke an, die die Erfahrungen des Ersten Weltkriegs widerspiegeln. Tröstend seine Skulpturen wie der *Singende Mann*, die *Mutter Erde* oder das *Wiedersehen*. Die schönste Begegnung mit Barlachs Werk findet für mich im Dominnenhof statt. Sein *Bettler*, eine der Skulpturen, die zum *Fries der Heiligen* an der Fassade der Lübecker Katharinenkirche gehört, gibt diesem Ort der Besinnung eine besondere Note.

✍ Ein Spaziergang entlang des Seeufers nach Einhaus lohnt sich. Dort steht das Ansverus-Kreuz aus dem 15. Jahrhundert. Es erinnert an den Märtyrertod des Missionars, der an dieser Stelle von heidnischen Slawen gesteinigt wurde.

CAFÉ HOF ALTE ZEITEN /// HAUPTSTRASSE 29 /// 23923 SCHATTIN ///
03 88 21 / 6 64 92 /// WWW.HOF-ALTE-ZEITEN.DE/ ///

GRENZHUS SCHLAGSDORF /// NEUBAUERNWEG 1 ///
19217 SCHLAGSDORF /// 03 88 75 / 2 03 26 /// WWW.GRENZHUS.DE ///

EINST TODESSTREIFEN – HEUTE ›GRÜNES BAND‹

Schattin

65

Nicht allen Besuchern ist heute noch bewusst, dass Lübeck über 40 Jahre lang unmittelbar an der Grenze zur DDR lag. Die schicksalhafte Teilung des einst eng miteinander verbundenen Landes hat natürlich tiefe Spuren hinterlassen. Selbst 20 Jahre nach der Wiedervereinigung sind noch längst nicht alle Wunden verheilt. Viele Familien in Lübeck und Umgebung waren betroffen. Auf DDR-Seite gab es einen fünf Kilometer breiten Sperrgürtel, in dem ganze Ortschaften abgerissen und die Familien vertrieben wurden.

Lübecker durften sich nur in Gebieten jenseits der Sperrzone mit ihren Verwandten treffen. Sie fuhren zwar an deren Häusern vorbei, durften aber weder anhalten noch mit ihnen sprechen. Heute ist das anders. Gerne mache ich einen Ausflug ins benachbarte Bundesland. Inzwischen wurden viele Dörfer und Gutshöfe liebevoll renoviert, nette Ausflugslokale entstanden, und man kann die herrliche Natur erleben. Durch die jahrzehntelange Existenz des Eisernen Vorhangs entstand ein grünes Band, das sich quer durch Deutschland schlängelt. Gerade im Lübecker Grenzbereich findet man bemerkenswerte Naturschutzgebiete wie den Dassower See samt Pötenitzer Wiek, die Wakenitz-Niederung, die Schaalsee-Landschaft. Der Eisvogel, der Rotmilan und der Seeadler beispielsweise fanden hier eine neue Heimat. Die ehemaligen Kolonnenwege der Grenztruppen dienen heute als ideale Radwanderwege.

Viele Ausflugsziele laden zur Einkehr. So beispielsweise der Hof *Alte Zeiten* in Schattin. Die alten Fachwerkhäuser standen ursprünglich woanders, wurden sorgfältig abgebaut und hier neu errichtet. Dabei wurde soweit wie möglich auf die Verwendung alter Materialien geachtet. Alle Gebäude sind in dampfdurchlässiger Lehmbauweise gebaut. Gemütlich sitzt es sich in der Diele vor dem Schwibbogenherd oder unter den Bäumen im Kaffeegarten. Bei selbst gebackenen Torten und Kuchen. Die Kinder spielen derweil mit den Hoftieren oder freuen sich auf die Treckerfahrt. Da vergisst man schnell die leidige Vergangenheit.

✍ Besuchen Sie das nahegelegene Grenzhus Schlagsdorf, ein interessantes Museum zum Leben an der innerdeutschen Grenze.

TOURIST-INFORMATION /// AM MARKT 11 /// 23966 WISMAR ///
0 38 41 / 1 94 33 /// WWW.WISMARER.DE ///

FÖRDERVEREIN POELER KOGGE /// BAUMHAUS — AM ALTEN HAFEN ///
23966 WISMAR /// 0 38 41 / 30 43 10 /// WWW.POELER-KOGGE.DE ///

Wismar und Lübeck verbindet mehr als nur die neue Autobahn und die Fahrzeit von 50 Minuten. Eine Strecke, für die man im Mittelalter Tage brauchte. Und weil sie obendrein wegen Seeräubern und Wegelagerern gefährlich war, taten sich die Fernhandelskaufleute zusammen und ließen sich von einer Söldnerschar, dem Hanso beschützen. Mit der Erschließung des Ostseeraumes und der Ablösung des Wanderhandels durch Kredit- und Kommissionsgeschäfte entwickelte sich Lübeck als Zentrum eines Handelsbündnisses mit Hamburg, Wismar und Rostock (1259).

Die Idee der Hanse ward geboren, einem genossenschaftlichen Zusammenschluss deutscher Kaufleute, der in seiner Hochzeit um 1350 über 200 Städte vereinte. Als vorteilhaft erwies sich die hanseatische Kogge, die seetüchtiger und ladungsfähiger war als das Wikingerschiff. Der Hansebund sicherte seinen Mitgliedern Handelsvorteile wie Stapelrecht eigener Waren, Stapelzwang für fremde Kaufleute. Bald war man so stark, dass man den Warenboykott eines Hafens oder sogar eines Landes verhängen konnte.

Während damals Hamburg lediglich als Nordseehafen Lübecks fungierte, konnte sich Wismar als starke Bruderstadt hervorkehren. Aus dem Osten stammten Pelze und Holz, aus dem Norden Butter und Stockfisch. England lieferte Wolle, über den Balkan kamen Gewürze und Seide. Frankreich exportierte Wein. Norddeutschland bot Salz und Bier. Erst die Entdeckung der Neuen Welt und damit der Atlantikhandel minderte die Bedeutung der Hanse.

Wenn man heute in einem der Straßencafés am Wismarer Marktplatz sitzt, spürt man noch immer den Reichtum jener Zeit. Er ist der größte Norddeutschlands und misst genau 100 mal 100 Meter. Das Rathaus von 1819 dominiert den Platz, dessen schönster Bau in meinen Augen die Wasserkunst von 1602 (Umbau 1861) ist. Beachten Sie die wasserspeienden Bronzefiguren *Nix und Nixe*, im Volksmund *Adam und Eva* genannt. Schön anzusehen.

☞ Machen Sie einen Abstecher zum Hafen. Dort vermittelt Ihnen die Poeler Kogge, der Nachbau eines Originalwracks aus dem Spätmittelalter, einen lebendigen Eindruck von der Schiffskunst der Hansezeit.

REGISTER

Alte Mühle 103
Altenkrempe 129
Alter Leuchtturm 111
Alter Marstall 19
Alte Salzstraße 177
Altes Brauhaus Eutin 147
Altes Zollhaus Niendorf 125
Altes Zöllnerhaus am Burgtor 19
Alte Vogtei 113
Amaro 51
Arkaden 57
Arnstadt 61
Astronomische Uhr 61
Bach, Johann Sebastian 61
Backsteingotik 8, 37, 69
Barlach, Ernst 179
Barock 8, 45, 73, 89, 153
Basilika Altenkrempe 129
Behlersee 139
Behnhaus 37
Behnkai 33
Biedermeier 99
Bosau 151, 161
Botanischer Garten 105
Brandt, Willy 9, 41
Brauberger 75
Bräutigamseiche 143
Breite Straße 57
Brodtener Steilufer 117
Buddenbrooks 31, 43, 45, 73
Bungsberg 139
Burgtor 19
Burgtorweberei 19
Butt, Der 41
Buxtehude, Dieterich 39, 61
Café Calma 71
Café Utspann 91
Cap Arcona 129
Claudius, Matthias 147
Dassower See 181

Deecke, Ernst 46
Dieksee 139, 141, 143
Dodauer Forst 143
Domviertel, Ratzeburg 177
Dom zu Lübeck 89
Drägerhaus 37
Edebergsee 139
Elbe-Lübeck-Kanal 77, 167
Eutin 8, 9, 127, 143, 145, 147, 149
Eutiner Schloss 145
Farchau 175
Fegetasche 139, 151
Fehmarn 8
Forst Kannenbruch 107
Fredeburger Forst 169
Freischütz, Der 147, 149
Freistrand 123
Friederikenhof 167
Friedrich, Caspar David 37
Geibel, Emanuel 57, 153
Gotik 21
Grass, Günter 9, 41, 57, 167
Gremsmühlen 139, 143
Grenzhus Schlagsdorf 181
Griebel 149
Griebeler See 149
Großer Plöner See 151
Günter-Grass-Haus 41
Gut Behl 141
Gut Ruhleben 151
Hafen 77, 121, 123
Hamburg 8, 183
Händel, Georg Friedrich 177
Hanse 35, 77, 183
Hansemuseum, Europäisches 17
Heiligen-Geist-Hospital 21, 37
Heinrich der Löwe 89, 95, 177
Hemmelsdorfer See 121
Herder, Johann Gottfried 147
Hermannshöhe 117
Höftsee 139
Hollenbek 169

Holsteiner Kutschfahrten 159
Holsteinische Schweiz 139, 141,
  149, 153, 159, 161
Holsteinische Seenplatte 139
Holstentor 67, 77, 79
Hüxstraße 83
Innenstadtinsel 85
Jacobi, Friedrich Heinrich 147
Jagdschlösschen Ukleisee 153
Johanniskloster Lübeck 155
Jugendstil 43
Kaiser Wilhelm II. 151, 169
Kanzleigebäude 57
Karl der Große 89
Kästner, Erich 159
Katharina die Große 145
Kleiner Küchensee 175
kleine Restaurant, Das 49
Klopstock, Friedrich Gottlieb 147
Kloster Cismar 155
Koberg 21, 37
Kogge 35, 79, 183
Kraweel 35
Kreuzfeld 143
KulturRösterei 87
Kunsthalle St. Annen 97
La Havanna 29
Langensee 139, 141
Lauenburg 8
Leuchtenfeld 111
Linde, Max 37
Lisa von Lübeck 35
Lübecker Bucht 9
Malente 139, 141
Malerwinkel 85
Mann, Thomas 9, 19, 31, 41, 43, 45,
  57, 111
Maritim-Hochhaus 67, 111
Marktplatz (Lübeck) 55
Marzipan 51, 59
Mecklenburg-Vorpommern 8, 67,
  181, 183

Media Docks 77
Memling-Altar 99
Mittelalter 19, 99, 167
Mölln 173, 179
Moltkebrücke 95
Mühle Grebin 141
Mühsam, Erich 57
Munch, Edvard 37, 85
Museum für Natur und Umwelt 93
Museumsbahn Hein Schüttelborg
  139
Museumshof Lensahn 157
Napoleon Bonaparte 19, 31, 123
Nationale Gedenkstätte der zivilen
  Schifffahrt 25
Naturschutzreservat 95
Neustadt 123, 129
Niederegger, Café 59
Niederkleveez 141, 143
Niendorf 117, 121, 123, 125, 129,
  135
Niendorfer Hafen 123
Nobelpreisträger 9
Nord-Ostsee-Kanal 33
Ostholstein 8, 67, 147
Ostholstein-Museum 147
Ostsee 117, 129
Ostseebad 127
Overbeck, Friedrich 37
Palmenhaus-Café Sierhagen 137
Pamir, Viermastbark 25
Passat, Viermastbark 115
Plön 8, 9, 139, 141, 151, 161
Pötenitzer Wiek 181
Prinzenholz 165
Prinzeninsel 151, 161
Priwallhafen 115
Pronstorf 163
Rathaus 55, 57
Rättin, Die 41
Ratzeburg 8, 9, 67, 95, 169, 175, 177,
  179

Remise 87
Renaissance 55, 57, 73, 91, 165
Restaurant Miera 83
Ringelnatz, Joachim 115
Rokoko 37, 73
Rostock 183
Rotspon 31, 59
Salzspeicher 77
Schaalsee 181
Schabbelhaus 73
Schattin 181
Schierensee 141
Schiffergesellschaft 25, 27
Schleswig-Holstein 8, 93
Schloss Ahrensburg 165
Schloss Eutin 145
Schlutuper Riesenhirsch 93
Schmilau 169
Schokolade 51, 113
Schubert, Franz 107
Schulgarten 105
Schwentine 139
Sea-Life Aquarium 127
Segelschule Skipper 125
Skandinavienkai 9
Stadtbibliothek Lübeck 39
St. Aegidien 101
St. Annen 97
St.-Annen-Museum 73, 99
Stecknitzkanal 173
Steilufer 117
Stettin 33
St. Georg auf dem Berge 175
Stiftshöfe 23
St. Jakobi 19, 21, 25
St. Katharinen 39
St. Marien 45, 46, 57, 61, 63, 64, 71,
   81, 85
St. Michaelis Eutin 147
Storm, Theodor 63
Störtebeker, Klaus 129
St. Petri 67
Strandsalon 33

Tesdorpf 31
Theater Lübeck 43
Theaterfigurenmuseum 69
Timmdorf 139
Timmendorfer Strand 127
Tischbein, Johann Heinrich Wil-
   helm 147, 153
Trave 17, 49, 73, 77, 85, 103
Travemünde 9, 111, 117, 129
Ukleisee 153, 159
Untertrave 49, 77
Vierersee 151
Vitalienbrüder 129
Vogelpark Niendorf 121
von Fallersleben, Hoffmann 135
von Gerstenberg, Heinrich
   Wilhelm 147
von Humboldt, Wilhelm 147
von Weber, Carl Maria 147, 149
Voß, Johann Heinrich 147
Wakenitz 17, 75, 77, 95, 103, 177, 181
Walbaum, Johann Julius 93
Waldrestaurant Forsthaus 153
Wallhalbinsel 33
Wandfresken 9
Warder 151
Warhol, Andy 79, 85
Warnsdorf 135
Weber, A. Paul 177, 179
Weihnachtsmarkt 21
Wenden 19
Wismar 9, 67, 183
Wittspon 31
Wolfsschlucht 149

BILDNACHWEIS:

Sofern hier nicht gelistet, stammen alle Bilder vom Autor. S.14/15: Lübeck und Travemünde Marketing GmbH; S.16 Die Lübecker Museen; S.22 Lübeck und Travemünde Marketing GmbH, Torsten Krüger; S.28 Havanna-Bar, Antonio Moreno García, S.34 Lübeck und Travemünde Marketing GmbH, Doris Schütz, S.36, 38, 40 Die Lübecker Museen, S.42 Sidney Smith; S.44 Die Lübecker Museen; S.54 Lübeck und Travemünde Marketing GmbH/Torsten Krüger; S.60 Thomas Berg, Lübeck; S.68,78 Die Lübecker Museen; S.86 Remise, Lübeck; S.90 Oliver Klüver; S.92,98 Die Lübecker Museen; S.102 Alte Mühle Lübeck, J.Roloff und G. Jahn; S.108/109 Timmendorfer Strand Niendorf Tourismus GmbH; S.112 Bent Jacobsen; S.124 Segelschule Skipper, Niendorf/Ostsee; S.130/131 Timmendorfer Strand Niendorf Tourismus GmbH; S.132 bilderberg.tv; S.138 5-Seen-Fahrt GmbH Malente; S.158 Holsteiner Kutschfahrten GmbH Marie-Luise Tamm und Ernst Tamm, Eutin; S.166 Ringhotel Friederikenhof Lübeck-Oberbüssau; S.168 Erlebnisbahn Ratzeburg GmbH

LITERATURNACHWEIS:

S.111: Thomas Mann, »Wie Jappe und Do Escobar sich prügelten«, aus: ders., *Gesammelte Werke in dreizehn Bänden. Band VIII Erzählungen*, S. Fischer Verlag GmbH, Frankfurt am Main 1960, 1974.
S.133: Emanuel Geibel, »Aus dem Walde«, aus: ders., *Juniuslieder*, J.G. Cotta'scher Verlag, Stuttgart und Tübingen 1848.
S.159: Erich Kästner, »Der Mai«, aus: ders., *Die 13 Monate*, Atrium Verlag, Zürich und Thomas Kästner 1955.
S.161: Helmold von Bosau / Heinz Stoob (Hg.), »Slawenchronik«, aus: *Ausgewählte Quellen zur deutschen Geschichte des Mittelalters*, Wissenschaftliche Buchgesellschaft, Darmstadt 2008.

AUF MÖRDERSUCHE
IN IHRER NACHBARSCHAFT

GMEINER

»Flucht in den Tod«

Was hat die Leiche eines Schwarzafrikaners in einem Kühlwagen zu tun mit der Insassin einer Pflegeanstalt für psychisch Kranke, die vor 25 Jahren nach einem schweren Unfall das Gedächtnis verlor? Auf den ersten Blick nichts. Doch als Kriminalhauptkommissar Kroll herausfindet, dass es in beiden Fällen um Fluchtversuche geht, wird er in einen Fall verwickelt, der ihn fast das Leben kostet.

Fluchtvögel
Dieter Bührig
978-3-8392-1516-6

ENTDECKEN SIE WEITERE LIEBLINGSPLÄTZE!

Liebevoll ausgestattete Reiselesebücher mit individuellen Tipps, die Lust aufs Entdecken und mehr machen.

ISBN 978-3-8392-1554-8

ISBN 978-3-8392-1160-1

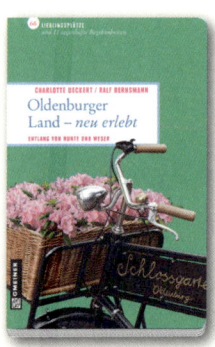

ISBN 978-3-8392-1557-9

ISBN 978-3-8392-1280-6

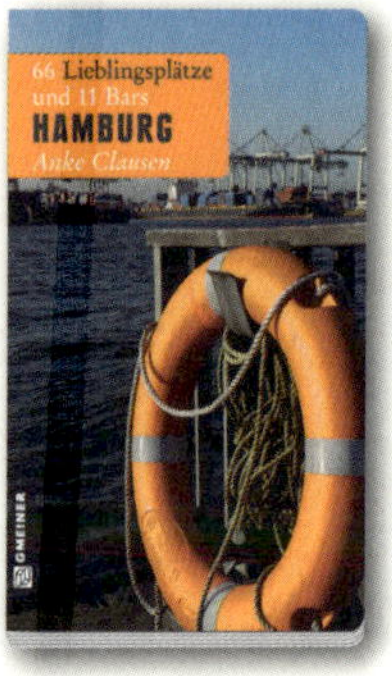

ISBN 978-3-8392-1553-1

ISBN 978-3-8392-1358-2

DIE SCHÖNSTEN ORTE MIT DEN AUGEN DES AUTORS BETRACHTEN – LASSEN SIE SICH ENTFÜHREN!

GMEINER